W0171605

Witwe sein ist anders

Witwe sein ist anders

Von Sibylle von Rautter und Helga Ahlers

humb●ldt

Lebenshilfe & Psychologie

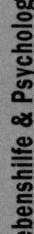

humboldt-Taschenbuch 743

Die Autorinnen:
Ihre eigenen Erfahrungen veranlaßten Sibylle von Rautter, gelernte Textil-
kauffrau, zwei Kinder, und Dr. Helga Ahlers, Übersetzerin und Autorin,
zwei Kinder, diese Lebenshilfe für Frauen zu verfassen, die ihren Ehemann
und Lebenspartner verloren haben.
Psychologisch einfühlsam und praxisnah in bezug auf juristische Fragen,
Erbrecht, Versicherungen etc. gehen sie auf alle auftauchenden Fragen und
Probleme ein und machen Mut zu einem Neuanfang.

Hinweis für den Leser:
Alle Informationen wurden von den Autorinnen und vom Verlag sorgfältig
recherchiert und überprüft. Dennoch kann eine Gewähr nicht übernommen werden.

Umschlaggestaltung: Wolf Brannasky, München
Umschlagfotos: vorne, Dr. Helga Ahlers; hinten, Fotostudio Bornemann

© 1994 by Humboldt-Taschenbuchverlag Jacobi KG, München
Druck: Presse-Druck Augsburg
Printed in Germany
ISBN 3-581-66743-6

Inhalt

Vorwort

Ein zynisches Sprichwort sagt: »Wer seine Frau liebt, erzieht sie zur Witwe«!

Das klingt boshaft, aber liegt nicht doch ein Fünkchen Wahrheit darin? Wenn wir Glück hatten, wurden wir von unseren Eltern oder vom Leben zur Ehe erzogen. Die werdende Mutter findet Vorbereitungskurse und Lektüre jeder Art. Wer aber wagt es, vom Witwendasein zu sprechen, bevor der Fall eingetreten ist?

Wie ein Blitz aus heiterem Himmel überfällt einen der Moment völlig unvorbereitet, oder der Zeitpunkt kommt wie eine dunkle Wolke immer näher und trifft einen dann doch ziemlich unerwartet: der Tod des Ehemanns, des Lebenspartners oder des Familienvaters.

Man wird in den Zustand der Alleinverantwortlichen geworfen wie ein Nichtschwimmer in das eiskalte Wasser. Es müssen schnelle Entscheidungen getroffen werden, deren Tragweite gar nicht zu übersehen ist. Man gerät in diese Situation unter den ungünstigsten Bedingungen, die es überhaupt geben kann. Tief verwundet, Apathie und Leere fühlend, möchte man mit sich und seinem Kummer allein sein. Dann soll man aktiv werden? Man wird überschüttet mit Fragen, die schnell und konsequent beantwortet werden sollten. Und das alles ohne Vorbereitung!

Steht man vor irgendwelchen Examen, hat man Zeit, sich darauf einzustellen und wird von der Umwelt wie ein rohes Ei behandelt. Beim Planen einer Hochzeit findet man Zeit und Hilfe, wo man sie sucht, die Geburt der Kinder läßt uns vorher immerhin etliche Monate des Nachdenkens. Aber der Tod des Partners?

Was nun – Was tun?

Auch in der heutigen Zeit gibt es noch viele Frauen, die Bankangelegenheiten hilflos gegenüberstehen. Daß man sich bei den verschiedenen Renten und Versicherungen nicht auskennt, ist die Regel, und daß der Weg durch das Gestrüpp der Ämter schwer zu finden ist, bleibt unbestritten. Aber darüber kann man sich informieren, und dieses Wissen erspart Zeit, Umwege und Frustrationen.

Das Ziel dieses Buches ist es, vor allem ein zuverlässiger, auf guter Information beruhender Ratgeber für alle auftauchenden Fragen zu sein, praktische Hinweise zu geben und die Erfüllung der notwendigen Formalitäten zu erleichtern.

Der Text begleitet die Leserin vom ersten Tag des Alleinseins in eine ihr noch unbekannte Zukunft. Der Inhalt ist vorwiegend chronologisch aufgebaut, denn als Witwe zu leben ist ein Lernprozeß, der viele Stufen hat. Unsere Zeit lehrt uns, den Gedanken an den Tod nicht mehr zu verdrängen. Warum sollten zwei Menschen in glücklichen Tagen nicht fähig sein, ihre gemeinsamen Belange so zu ordnen, daß der Zurückbleibende sich nicht hilflos und verlassen fühlen muß? Warum sollte ein Text mit diesem Buchtitel nicht auch einem fürsorglichen Ehemann, einer sorgenfreien Ehefrau, einer guten Freundin oder einer verheirateten Tochter geschenkt werden?

»Die Zeit heilt alle Wunden« – eine zweifelhafte Behauptung. Die Zeit aber lehrt, mit den Wunden zu leben, und das Glück hat viele Aspekte.

Dieses Buch soll nicht noch trauriger und deprimierter stimmen, es will sachlich informieren, neue Türen öffnen, auf Probleme hinweisen, von denen man gar nichts ahnte, und es möge während der Lektüre manchmal auch ein Lächeln oder gar herzhaftes Lachen bewirken bei der Feststellung: »Ja, genau so ist es!«

In glücklichen Tagen –
Experten fragen

»Wir sollten uns einmal in Ruhe zusammensetzen, um gewisse Dinge zu besprechen, die wichtig werden, wenn einer von uns stirbt.«
Wer hat diesen Satz nicht schon selbst einmal gedacht oder vielleicht sogar von seinem Partner gehört? Aber dann ist es gerade so gemütlich, die Stimmung so unbeschwert, und niemand hat Lust, diese Stunde mit Gedanken an ein ungewisses Später zu trüben.

»Wenn einer von uns stirbt...«

Dieser Satz klingt hart und für zartbesaitete Menschen vielleicht sogar rücksichtslos. Die Fragen, um die es vor allem gehen wird, ranken sich meist um materielle Dinge. Das mag peinlich sein, ist aber sachlich unumgänglich. Warum fällt es uns eigentlich schwerer, über finanzielle Dinge zu sprechen als zum Beispiel über die Erziehung der Kinder? Gewissenhafte Vorsorge für eine einigermaßen stabile Zukunft darf man nicht mit materialistischem, berechnendem Denken gleichsetzen. Frauen scheuen sich oft, dieses Thema anzuschneiden, weil sie fürchten, sie könnten mißverstanden werden. Dabei ist doch gar nicht gesagt, daß es immer die Frau sein muß, die den Partner überlebt. Da aber auch heute noch meist der männliche Partner der höherverdienende ist, glauben Frauen bei diesem Thema, ihr Interesse an dem, was dann wird, könne rein materialistisch oder als Berechnung verstanden werden. Für einen Mann, dessen Partnerin gestorben ist, ist der Beginn eines Lebens allein wahrscheinlich genau so schwer. Die Probleme werden nur anders auftreten als bei einer Frau.

Hemmschwellen überwinden

Daß eine Hemmschwelle überschritten werden muß, wenn zwei glücklich zusammenlebende Menschen sich über jene Zeit Gedanken machen sollen, in der nur einer von ihnen allein weiterleben muß, das ist mehr als verständlich. Wer denkt schon gern an seinen Tod? Und, was noch schlimmer ist: Wer möchte sich mit dem Gedanken befassen, wie das Leben weitergehen soll, wenn einem der Partner genommen wird?

»Wenn einer von uns stirbt, ziehe ich nach Berlin«, ein altbekannter Spruch, den frisch und fröhlich eine liebe Tante zitierte, womit sie jahrelang mit zunehmendem Erfolg die etwas verklemmteren Familienmitglieder provozierte. Doch nach Berlin zog sie nicht, sondern saß wehklagend und hilflos vor einem schier unlösbaren Problem in Form eines nicht auffindbaren Testaments und fordernder Verwandter.

Man sollte zusammen darüber sprechen, und ein Thema, das unnötigerweise lange für tabu gehalten wurde, gemeinsam offen anpacken. Deshalb malt man noch lange nicht den Teufel an die Wand; und selbst abergläubische Wesen werden feststellen, um wieviel wohler es ihnen ist, wenn derartige Gespräche erst einmal abgehakt sind.

Ob Sie sich dem Problemkreis sarkastisch nähern oder alles aus heiterer Warte betrachten oder ob Sie rein sachlich an die Fragen herangehen und sie wie eine Steuererklärung behandeln, – auf jeden Fall sollten Sie sich zwingen, solche Themen nicht immer wieder weit von sich wegzuschieben. Der falsche Trost, das habe ja noch so lange Zeit, kann trügerisch sein. Wissen wir, wie lange oder wie kurz wir noch Zeit haben? Auf dem größten Friedhof der Welt, in Hamburg-Ohlsdorf, steht am Zifferblatt einer großen Uhr der mahnende Spruch: »Eine von diesen . . .«

. . . eine dieser Stunden wird die letzte sein. Darum sollten Sie in glücklichen Tagen darüber nachdenken, was man über seinen Tod hinaus geregelt wissen möchte; deshalb sollten Sie mit Ihrem Partner zusammen besprechen, wie man sich alles vorstellt und wo Fragen und Probleme auftauchen könnten. Sie können sich noch so gut verstehen, es werden sich verschiedene Ansichten offenbaren.

Machen Sie aus Ihrem Herzen keine Mördergrube. Sagen Sie Ihrem Partner, worüber Sie sich Sorgen machen oder im Ungewissen sind, wenn Sie allein zurückbleiben müßten! Offenheit, liebevoll serviert, hilft dabei am ehesten. Jede »Edelmutsgymnastik« ist hier falsch am Platze. Solange man sich gut versteht und den Tag X in weiter Ferne wähnt, läßt sich über alles sprechen, – oder sagen wir, über fast alles!

»Wer seine Frau liebt, erzieht sie zur Witwe!«
Dieser Spruch klingt sehr makaber, aber viele betroffene Frauen wären dankbar gewesen, wenn sie mehr gewußt hätten.
Warum passiert es immer wieder, daß eine Frau nach dem Tod ihres Mannes, ihres Lebenspartners völlig ahnungslos dasteht? Liegt es daran, daß viele Männer Angst haben, über ihren eigenen Tod zu sprechen? Zugegeben, es ist einfach eine lästige Aufgabe, die man immer wieder auf einen anderen Abend verschieben will. Oft wollen auch die Frauen nichts davon wissen, da sie glauben, von finanziellen und juristischen Themen zu wenig zu verstehen.
Auf jeden Fall aber ist es für alle besser, »sein Haus zu bestellen« und nicht nach dem Motto zu leben: »nach mir die Sintflut!«. Besonders wenn man Familie hat oder in einer nichtehelichen Lebensgemeinschaft lebt, ist es verantwortungslos, den Kopf in den Sand zu stecken. Man sollte sich Gedanken machen, wie es später einmal werden könnte, und wesentliche Dinge mit dem Partner besprechen und mit ihm abklären.

Gemeinsame Vorbereitung mit oder ohne Ehering

Wenn von Witwen die Rede ist, dann sind hier nicht nur verheiratete Paare gemeint. Bei der Trauer um den Partner unterscheidet die hinterbliebenen Frauen nichts voneinander, ob mit oder ohne Ehering am Finger. Ihre Vorstellung vom Älterwerden zu zweit ist zerstört worden, und die Einsamkeit wiegt gleich schwer. Und doch gibt es einen gewaltigen Unterschied: Die verheiratete Witwe ist gesetzlich ganz anders abgesichert als die Partnerin ohne Trauschein. Deshalb ist für unverheiratete Paare die Ausflucht vor dem Gespräch über einen eventuellen Todesfall beinahe unverantwortlich.

Setzen Sie sich einmal an einem ruhigen Wochenende wie zu einem verabredeten Termin zusammen und stellen Sie eine Checkliste auf. Am besten steht schon ein Dokumentenordner bereit.

So, jetzt kann es losgehen: Die 1.Checkliste

In den Dokumentenordner kommen:

- Ihre Ausweispapiere, Geburts- und Heiratsurkunde, Familienstammbuch, Testament, Hinterlegungsschein oder Hinweis, wo es sich befindet.
- Ein eventuell vorhandener Ehevertrag (z. B. Gütertrennung), Erbverträge,
- Notizen über Vollmachten z. B. für Bank- oder Postscheckkonten, Wertpapierdepots und Banksafes. Hinweise für Safeausweis, -schlüssel oder Kennwort,
- Sparbücher und Sparverträge,
- Benennung eines Vormunds für die unmündigen Kinder,
- Unterlagen zum Arbeitsvertrag,
- Unterlagen zur betrieblichen Versorgung (Rente, Pension)
- Unterlagen zur gesetzlichen Rente (z. B. BfA)
- Ansprüche, die die Witwe hätte, z. B. Gehaltsfortzahlungen, Tantiemen, Provisionen, Gratifikationen, Patente.
- Evtl. Forderungen, z. B. Hypothekendarlehen, Einlagen (stiller Teilhaber)
- Immobilien (Grundbuchauszug),
- Verträge als Mieter oder Vermieter,
- Verträge als Pächter oder Verpächter,
- Bausparverträge,
- Verträge z. B. als Gesellschafter einer Firma, Nießbrauchrechte,
- Schenkungen,
- Versicherungsscheine für Lebens-, Unfall- oder Sterbeversicherung und Begünstigtennachweis (wem die Versicherungssumme zufallen soll).

In die Dokumentenmappe gehören auch Unterlagen und Bestimmungen für die Beerdigung. Heute gibt es zum Beispiel im Hinblick auf die anonyme Bestattung Überlegungen, sie ohne vorhandene schriftliche Willenserklärung des Verstorbenen nicht mehr durchzuführen, was momentan noch möglich ist. Auch für jede Art von Feuerbestattung wird oft eine Willenserklärung verlangt. Falls ein Familiengrab existiert, sollte der Grabbrief griffbereit liegen, denn später ist jede Suche nervenaufreibend.

Hat man dann noch die Kraft, wäre es gut, Schritt für Schritt eine Steuererklärung durchzugehen. Viele Frauen unterschreiben sie mehr oder weniger blind und haben keine Ahnung, worauf es ankommt. Es wäre auch kein Fehler, wenn man die Unterschiede von Lohn-, Einkommen- und Vermögensteuer in aller Ruhe besprechen würde.

Eines müßte man bei der Gelegenheit auch bedenken: Die gesamten Dokumente einmal zu kopieren und die Originale an einem sicheren Ort aufzubewahren, etwa in einem Banksafe.

Denn gegen Einbrüche, Brände oder Überschwemmungen ist niemand gefeit.

Wenn Sie sich über Ihre speziellen Angelegenheiten gemeinsam klar geworden sind, wenn Sie einige Ihnen wichtig erscheinende Gedanken fixiert haben, dann verabreden Sie sich mit einem Juristen und auch mit einem Steuerberater und bitten Sie jeden um seinen Rat. So haben Sie das Thema am schnellsten erledigt, was für beide sehr beruhigend sein wird.

Das Verfassen eines Testaments

Wenn Sie meinen, das Verfassen eines Testament sei etwas besonderes, dann irren Sie sich. Früher hatte jeder, der des Schreibens kundig war, sein Testament zu machen. Nicht nur Reiche, sondern auch die einfachen Leute und sogar Arme hatten die Pflicht, das Wenige, was zu hinterlassen war, ordentlich zu übergeben.

So ist z. B. in den romanischen Ländern das Testament zu einer eigenen Literaturgattung geworden. Am bekanntesten ist heute nach 500 Jahren als literarisches Werk das Große wie das Kleine Testament des François Villon. Obgleich der dem Galgen entsprungene Vagabund, Habenichts und Dichter hiermit eine scharfe Satire auf alle echten Testamente und gegen die Macht der Kirche jener Zeit verfaßte, folgt er doch genau den damaligen Regeln der Gliederung eines Testaments in: Bekennen des Glaubens, Bereuen der Sünden und schließlich Verteilung der Legate. Im Kleinen Testament sagt er von sich im abschließenden Vers 40:

> *»Der Schreiber dieses ist gewesen,*
> *Villon, ein hochberühmter Mann,*
> *der schwarz und mager wie ein Besen*
> *sich nichts zu essen kaufen kann.*
> *Er hat kein Gut auf dieser Welt,*
> *das er den Freunden nicht vermacht,*
> *er hat nur noch ein wenig Geld,*
> *und das ist auch bald durchgebracht.«*

Selbst ein Galgenvogel wie François Villon hinterließ der Nachwelt ein Testament!

Wie viele Streitigkeiten könnten vermieden werden, wenn die Pflicht bestände, den letzten Willen schriftlich abzufassen!

Dabei gibt es viele verschiedene Möglichkeiten, seinen letzten Willen festzulegen und den Nachlaß zu regeln. Ohne ein vorhandenes Testament wird die gesetzliche Erbfolge eingehalten. Damit ist allerdings jede Einflußnahme auf die Verteilung des Erbes ausgeschlossen. Für ein unverheiratetes Paar, das in einem eheähnlichen Verhältnis lebt, ist die Errichtung eines Testaments beinahe unerläßlich. Da beide nicht verwandt sind, gelten sie vor dem Gesetz als nicht erbberechtigt. Unverheiratete Paare können übrigens kein gemeinschaftliches Testament errichten. Vielmehr muß jeder von beiden ein Einzeltestament abfassen. (Weitere Informationen zum Thema Testament finden Sie ab Seite 16.)

Die Güterstände

Wenn Sie vor dem Gesetz verheiratet sind, ist es interessant, sich erst einmal die verschiedenen Güterstände einer Ehe anzuschauen, um dann entscheiden zu können, welche Form von Testament als die geeignetste erscheint. Durch den gesetzlichen Güterstand werden die Vermögensverhältnisse zwischen einem Ehepaar per Gesetz geregelt.

Es gibt drei Güterstände:
1. Die Zugewinngemeinschaft, die heute gesetzlicher Güterstand ist, wenn keine andere Form notariell vereinbart wurde,
2. die Gütertrennung und
3. die Gütergemeinschaft.

Ab 1900 galt als gesetzlicher Güterstand eine Art der Gütergemeinschaft (Güterstand der ehemännlichen Verwaltung und Nutznießung). Der Ehemann konnte das Vermögen der Frau, ohne daß er ihr Rechenschaft schuldete, verwalten und auch verbrauchen; er war nur in ganz seltenen Fällen seiner Frau dafür verantwortlich. Als 1949 Mann und Frau durch das Grundgesetz gleichberechtigt wurden, stellte man erst 1953 mit Schrecken fest, daß diese Gleichberechtigung bei dem gesetzlichen Güterstand noch nicht berücksichtigt worden war. So änderte man den Stand der Gütergemeinschaft erst einmal bis 1958 in den der Gütertrennung und gewann dadurch fünf Jahre Zeit, um über einen der heutigen Zeit entsprechenden gesetzlichen Güterstand nachzudenken. Und das ist die Zugewinngemeinschaft.

Was heißt Zugewinngemeinschaft?

Das Vermögen, das Mann und Frau bei der Eheschließung schon hatten, bleibt während der Ehe getrennt, auch das, was sie beide während der Ehe erwerben. Es wird grundsätzlich von jedem für sich verwaltet. Jeder der beiden Ehepartner haftet lediglich für seine eigenen Schulden. Das wird oft nicht beachtet. Deshalb glauben viele Ehepaare, Gütertrennung wäre ein besserer Schutz, um das eigene Vermögen, etwa bei einem Konkurs, zu retten.
Der Unterschied zwischen Zugewinngemeinschaft und Gütertrennung besteht nicht in der Haftung, sondern kommt erst zum Tragen, wenn die Ehe durch Scheidung oder Tod beendet wird. Zugewinn ist der Betrag, um den das Endvermögen eines Ehegatten sein Anfangsvermögen übersteigt. Wenn ein Partner während der Ehe mehr Vermögen als der andere erworben hat, muß er bei Scheidung die Hälfte des Überschusses dem anderen überlassen.
Bei Gütertrennung besteht während der Ehe die gleiche Situation wie bei der Zugewinngemeinschaft. Das heißt, keine Haf-

tung für das Vermögen des anderen Ehepartners; das eigene Vermögen bleibt erhalten. Bei einer Scheidung erfolgt kein Ausgleich des Vermögens, das während der Ehe erworben wurde. Stirbt der Partner, erbt der Hinterbliebene mindestens ein Viertel. (Siehe auch unter Erbschaft, Seite 89)

Die »modifizierte Zugewinngemeinschaft«

Diese Variante muß notariell vereinbart werden. Hierbei können durch Vertrag güterrechtliche Änderungen vorgenommen oder einzelne Wirtschaftsgüter ausgeklammert werden. So könnte im Fall einer Scheidung das Vermögen wie bei einer Gütertrennung bewertet werden, aber beim Tode wie bei einer Zugewinngemeinschaft.

Als weiterer Güterstand gibt es die Gütergemeinschaft, die heute nur noch selten vorkommt, vor allem in landwirtschaftlichen Betrieben. Diese Güterstände, Gütertrennung, Gütergemeinschaft und modifizierte Zugewinngemeinschaft, müssen bei einem Notar vertraglich vereinbart werden.

Testament oder Erbvertrag?

Überlegen Sie nun doch, ein Testament oder einen Erbvertrag zu machen? Einige Punkte sind dabei besonders hervorzuheben.

Sie dürfen auch anderen als dem Ehepartner und den Blutsverwandten etwas vererben. Durch ein Testament können Sie jemanden ausschließen, Vor- und Nacherben bestimmen, Vermächtnisse geben, Auflagen bestimmen, Testamentsvollstrecker einsetzen und vieles mehr. Durch den Besitz eines notariellen Testaments ist ein Erbschein in der Regel überflüssig. Wenn das Testament klar erstellt wird, verringert man die Möglichkeit zu Streitigkeiten unter den Erben. Vielleicht will man ja auch verhindern, daß die »Gegenfamilie« alles erbt. Das kann passieren, wenn z. B. ein Ehepaar ohne Kinder gemeinsam bei einem Unfall stirbt. Stirbt der Ehemann eine Minute nach seiner Frau, erbt seine Familie alles, oder wenn sie etwas später stirbt als er, erbt allein ihre Familie. Besonders wichtig ist ein Testament, wenn Kinder aus verschiedenen Ehen oder nichteheliche Kinder existieren, wenn größere Werte vorhanden sind, wenn Firmen oder

Grundbesitz zusammengehalten werden sollen. Es gibt viele gute Bücher von Fachleuten, wo genau zu finden ist, wie ein Testament ganz präzise verfaßt werden kann.* Aber jedes Testament sollte so maßgeschneidert wie möglich sein, und deshalb sind solche Bücher auch nur als Anleitung zu sehen. Aus diesem Grund wäre es immer besser, jemanden zu befragen, der in juristischen Dingen Bescheid weiß.

Welche Arten von Testament könnte man wählen?

Sie können wählen zwischen dem eigenhändigen oder privatschriftlichen Testament, dem öffentlichen, notariellen Testament und dem Erbvertrag.

Das eigenhändige oder privatschriftliche Testament

Dieses Testament kann man auf alle möglichen Unterlagen schreiben, aber es muß mit der Hand geschrieben sein. Auch wenn man eine kaum leserliche Handschrift hat, darf es nicht auf der Maschine getippt werden, weil hierbei leichter Fälschungen möglich sind. Damit die Wirksamkeit eines handschriftlichen Testaments nicht in Zweifel gezogen werden kann, sollte es mit Vor- und Nachnamen unterschrieben und mit Datum und Ortsangabe versehen sein. Vielleicht wurden ja in einem Leben mehrere Testamente geschrieben und unterschiedliche Erben eingesetzt. Wenn nicht klar erkenntlich ist, welches das letzte Testament war, entstehen höchstwahrscheinlich Zweifel oder sogar Streit, und gerade das möchte man ja mit seinem letzten Willen vermeiden. Deshalb sollten ältere Testamente sofort vernichtet oder sichtbar ungültig gemacht werden. Die Anmerkung, daß damit alle früheren Verfügungen aufgehoben sind, empfiehlt sich als Zusatz zum letztdatierten Testament. Ändert man später einmal nur Teile dieses wichtigen Schriftstückes, ist es wesentlich besser, den Text komplett neu zu schreiben, statt durchzustreichen oder darüberzuschreiben. Die Bemerkung »Zusatztesta-

---

* Vgl. hierzu die informativen, leicht verständlich geschriebenen Humboldt-Taschenbücher »Testament und Nachlaß« (Bd. 514) sowie »Das korrekte Testament« (Bd. 594).

ment« ist wichtig. Besteht ein Testament aus mehreren Blättern, sollte auch hier klar zu erkennen sein, wie alles zusammengehört. Bei der Numerierung muß auf jedes Blatt auch Datum und Unterschrift gesetzt werden.

Vorteile eines handschriftlichen Testaments: Es entstehen keine Kosten, und man kann es beliebig oft ändern.

Die Aufbewahrung eines privaten Testaments ist überall möglich: im Haus, im Banksafe oder beim Amtsgericht. In Baden-Württemberg sind es die Notariate. Am besten eignet sich das Amtsgericht des Wohnortes, da dort das Testament auch eröffnet wird. Doch es kann auch bei jedem anderen Amtsgericht hinterlegt werden. Man bekommt dann einen Hinterlegungsschein und muß eine Verwahrungsgebühr bezahlen.

Das öffentliche oder notarielle Testament

Ein öffentliches Testament muß immer vor einem Notar gemacht werden. Man erklärt dem Notar mündlich, wie man sich sein Testament vorstellt, und läßt sich dabei von ihm beraten. Danach wird eine Urkunde erstellt, die der Erblasser unterschreibt. Das Ganze wird von dem Notar in einen Umschlag gesteckt und mit einem Amtssiegel verschlossen. Ein solches Testament muß vorgelesen, genehmigt und unterschrieben werden, um gültig zu sein. Da für die Errichtung eines öffentlichen Testaments so oder so eine Gebühr bezahlt werden muß, sollte man allerdings auch die juristische Beratung nutzen. Vorteile eines öffentlichen Testaments sind außer der juristischen Beratung, die man bekommt, daß später kein Erbschein erforderlich ist.

Das notarielle Testament ist stets ein öffentliches Testament; es wird beim Nachlaßgericht in amtliche Verwahrung genommen, und der Erblasser bekommt einen Hinterlegungsschein. Auch hier wird eine Verwahrungsgebühr erhoben.

Die andere Möglichkeit ist die, dem Notar einen offenen oder verschlossenen Umschlag mit seinem letzten Willen zu übergeben. In diesem Fall darf der Text auch auf der Maschine geschrieben sein. Es wird hier quasi ein eigenhändiges Testament vom Notar in Empfang genommen und zur Verwahrung weitergegeben. Der Notar braucht vom Inhalt nicht einmal Kenntnis zu nehmen. Ergeben sich später aber Fehler oder Gründe zur Anfechtung, werden diese durch das Amtssiegel nicht aufgehoben, im Juristendeutsch »nicht geheilt«.

Der Erbvertrag

Neben dem eigenhändigen und dem notariellen Testament gibt es noch den Erbvertrag, zu dem mindestens zwei Parteien nötig sind und der immer vor einem Notar geschlossen werden muß. Warum macht man überhaupt einen Erbvertrag? Im Erbvertrag können Erblasser und Erben zu bestimmten Aufgaben, Anordnungen oder Leistungen verpflichtet werden. Ein Erbvertrag ist unumstößlich und sehr geeignet, schon zu Lebzeiten unter den in Frage kommenden Erben Klarheit zu schaffen, so etwa durch einen Erbverzichtsvertrag, zum Beispiel:
Eine unverheiratete Tochter soll das Haus des Vaters erben, damit sie abgesichert ist. Die anderen Kinder werden mit einer gewissen Summe abgefunden. Haben sie den Erbvertrag akzeptiert, können sie später ihr Pflichtteil weder fordern noch einklagen.
Soll ein Erbvertrag aufgehoben werden, kann der Vererbende das nicht einseitig machen oder alleine etwas Neues bestimmen, sondern die Vertragspartner müssen den Vertrag gemeinsam annulieren. Bei einem Erbvertrag bezahlt man die doppelte Gebühr vom öffentlichen Testament.

Das Berliner Testament

Viele Ehepaare entscheiden sich für das sogenannte Berliner Testament.
Diese Art eines gemeinsamen Testaments ist nur zwischen einem verheirateten Paar möglich, nicht jedoch zwischen Paaren ohne Trauschein. Es ist zwar ein gemeinschaftliches Testament, aber kein Erbvertrag. Durch ein Berliner Testament setzen sich die Ehepartner gegenseitig als Alleinerben ein. Nach dem Tod des Längerlebenden erben entweder die Kinder oder jemand, den sie bestimmen. Solch ein Testament ist besonders dann zu empfehlen, wenn die Kinder noch minderjährig sind.

Das Berliner Testament kann als privates oder notarielles Testament errichtet werden. Es braucht nur von einem Ehepartner geschrieben zu werden, aber beide müssen mit vollem Namen, Datum und Ort unterschreiben. Hat ein Ehepaar diese Testamentsform gewählt, kann nur gemeinsam etwas geändert werden. Ein gemeinschaftlicher Widerruf kann dagegen in der üblichen Form entweder durch eine gemeinsam beantragte Änderung des bestehenden Testaments oder die gemeinsame Rücknahme des Testaments aus der amtlichen Verwahrung erfolgen. Wenn nur der eine Ehepartner etwas ändern möchte, muß er zum Notar gehen und sich die Änderung beurkunden lassen. Dann wird das Schriftstück dem anderen Partner offiziell zugestellt. Es ist also nicht möglich, einfach ein neues Testament zu schreiben, ohne daß der andere davon Kenntnis erlangt.

Der Testamentsvollstrecker

Oft ist es sinnvoll, bei der Errichtung eines Testaments einen Testamentsvollstrecker einzusetzen, um später die Erbschaft zügig abzuwickeln. Ein Testamentsvollstrecker verwaltet den Nachlaß für eine gewisse Zeit, um den Übergang der Erbschaft zu erleichtern. Zu überlegen wäre die Einsetzung eines Testamentsvollstreckers zur Wahrung der Rechte von unmündigen Kindern, bei größerem weit gestreutem Vermögen und bei sehr großen Familien. Dasselbe gilt bei Erben, die von rechtlichen und wirtschaftlichen Dingen keine Ahnung haben und mit der Verwaltung überfordert wären, ferner bei Verteilung von Vermächtnissen und schließlich auch noch, wenn Streitigkeiten unter den Erben zu befürchten sind.

Wen kann man zum Testamentsvollstrecker ernennen?

Das können volljährige »natürliche« oder sogenannte »juristische« Personen sein. Natürliche Personen sind z. B. die Ehefrau, ein Familienmitglied, ein Miterbe, ein Rechtsanwalt oder ein Freund. Eine juristische Person kann eine Bank, ein Verein oder eine Treuhandgesellschaft sein. Der Erblasser bestimmt die Dauer einer Testamentsvollstreckung selbst, etwa bis das Erbe bei Erbauseinandersetzungen verteilt ist, oder bis ein gewisses Alter der Kinder erreicht ist. Eine Sonderform ist die Dauertestamentsvollstreckung, die über einen Zeitraum von maximal 30 Jahren geht. Es können auch nur Teile der Erbschaft dem Testamentsvollstrecker zugewiesen werden.

Bei der Verwaltung des Nachlasses kann der Testamentsvollstrecker frei entscheiden. Er darf sogar gegen den Willen der Erben handeln, wenn er meint, damit im Sinne des Erblassers zu agieren. Man sollte sich deshalb sehr genau überlegen, wen man zum Testamentsvollstrecker bestimmt. Für Erziehungsfragen ist vielleicht ein guter Freund geeignet, aber ob er für die Verwaltung einer Firma der Richtige ist, könnte jedoch fraglich sein. Es ist gut, wenn der betreffende Freund oder die juristische Person, die man erwählt hat, schon vor der Einsetzung als Testamentsvollstrecker um Zustimmung gefragt wird. Gute Bekannte erachten das oft als Ehrendienst, offizielle Fachkräfte erwarten dafür eine Bezahlung. Unter Umständen wird so eine Testamentsvollstreckung zu einer langwierigen und arbeitsintensiven Aufgabe.

Sie und Ihr Partner sitzen unzählige Male zusammen im Auto, Sie fliegen im selben Flugzeug: Wenn beide Ehepartner tödlich verunglücken und minderjährige Kinder zurückbleiben, dann sollte man selbst bestimmt haben, wem die Erziehung der Kinder übertragen wird und in wessen Obhut sie aufwachsen sollen. Denken Sie einmal darüber nach, wem Sie wirklich das Vertrauen als Vormund Ihrer Kinder schenken wollen. Fänden Sie es richtig, Geschwister zu trennen, weil die Familie sich nicht einigen kann, wer zu wem soll? Deshalb wäre es viel besser, Sie schreiben Ihre eigenen Gedanken zu diesem Thema nieder.

Befreien Sie sich lieber noch in glücklichen Tagen vom Gedanken an die Verantwortung für ihr zu vererbendes Gut: Machen Sie ein Testament, solange Sie klar und zukunftsgerichtet denken können, und leben Sie dann lustig weiter.

»Wer seine Frau liebt, erzieht sie zur Witwe«, ein Spruch, der durch seinen Zynismus verletzen kann. Jedoch erscheint nach all den Gedanken, die in diesem Kapitel besprochen wurden, eine derartige Aussage gar nicht mehr so unberechtigt. Denn zu diesen gemeinsamen Beschlüssen gehört Vertrauen, und ist nicht Vertrauen der größte Liebesbeweis?

Gebühren nach der Kostenordnung der Nachlaßgerichte, Notare und Rechtsanwälte

Erhoben wird für
- ein notarielles Testament eine volle Gebühr
- einen Erbschein eine volle Gebühr
- einen Erbvertrag die doppelte Gebühr
- eine Testamentseröffnung die halbe Gebühr
- eine Testamentsverwahrung eine Viertelgebühr
- bei einem Rechtsanwalt oder Notar kommt die Mehrwertsteuer hinzu.

Wert bis DM	eine Gebühr	doppelte Gebühr	halbe Gebühr	Viertel- gebühr
500	15	30	20*	20*
2 000	20	40	20	20
6 000	50	100	25	20*
8 000	65	130	32,50	20
25 000	110	220	55	27,50
50 000	160	320	80	40
100 000	260	520	130	65
200 000	410	820	205	102,50
500 000	860	1720	430	215
1 000 000	1610	3220	805	402,50
1 500 000	2360	4720	1180	590
2 000 000	3110	6220	1555	777,50
2 300 000	3560	7120	1780	890

Beispiel: Beträgt der Wert einer Erbschaft DM 500 000, zahlt man DM 860 für den Erbschein und DM 430 für die Testamentseröffnung

* Mindestgebühr; wird nicht weiter geteilt.

Erste Schritte

Fragt man eine Frau, die ihren Mann verlor, viele Jahre später, wie die ersten Stunden nach dem Erhalten der Todesnachricht bis zum Anbruch der ersten Nacht danach eigentlich abgelaufen sind, dann wird man zuerst meist nur einen leeren Blick als Antwort erhalten. Dem folgt ein langes Schweigen und die merkwürdige Reaktion eines Menschen, der gerade in Trance versetzt worden ist. Aber nach einiger Zeit öffnen sich die Schleusen. Eine Feststellung aber wird allen Antworten gemeinsam sein: »Ich habe nie gedacht, daß man gleichzeitig so tief empfinden und doch so außer sich selbst sein kann. Es ist, als ob der Körper sich vom Geist getrennt hätte, als ob man überall und nirgends wäre; man sieht die Außenwelt wie durch einen Schleier, der sich nie mehr heben wird.«

Viele Frauen erzählen, daß ihnen in diesem Augenblick plötzlich ganz unsinnige Dinge wichtig erschienen, daß sie sich so zeit- und bodenlos fühlten und das Gefühl hatten, sie hätten Watte im Kopf und sonst gar nichts.

Manche Betroffene fallen in völlige Apathie, und andere wieder reagieren hyperaktiv, aber ohne jegliche Konzentration, fast wie ein Automat. Die Trauernde befindet sich wirklich in einer Grenzsituation des Lebens.

Niemand weiß, wie man sich in solchen Momenten verhalten wird. Ein Vorgang beginnt sich wie ein Film abzuspulen, den man wie aus weiter Ferne betrachtet. Es ist, als sei ein Pendel angestoßen worden, dessen Bewegung sich nun nicht mehr aufhalten läßt. Aber man steht daneben und fragt sich: »Was habe ich denn mit all dem zu tun?«

Wer selbst den Verlust eines geliebten Menschen erlebt hat und verantwortlich war für alles, was im Zusammenhang damit geschehen mußte, der weiß, wie hilfreich das Festhalten an Traditionen sein kann, und daß es dabei für die Betroffenen nicht um Heuchelei und leeres Einhalten von Konventionen geht, sondern um den verzweifelten Versuch, in einer Grenzsituation mit Würde Abschied zu nehmen.

Lassen Sie uns also das Thema von diesem Ausgangspunkt aus betrachten und praktisch anpacken.

Die Todesbescheinigung

Ein Arzt, der um die Krankengeschichte weiß, wird die Todesbescheinigung sofort ausstellen können. Fremde Ärzte müssen unter Umständen noch andere Institutionen einschalten, um die genaue Todesursache feststellen zu können. Der schnell herbeigerufene Notarzt ist verpflichtet, in Zweifelsfällen, die die Todesursache nicht klar erkennen lassen, den Verstorbenen in das gerichtsmedizinische Institut bringen zu lassen, nachdem vorher das Sterbezimmer verschlossen wurde. Das ist normalerweise eine Routinesache, für die Angehörigen aber kann es eine schwere Nervenbelastung bedeuten.

Wenn der Ehemann im Ausland gestorben ist, muß man sofort Erkundigungen über die Gesetze des betreffenden Landes einziehen. Das Konsulat oder die Botschaft sind für alle Auskünfte und Notfälle die beste Adresse. Dort kann man auch weiterhelfen und beraten.

Bei einem Tod, der durch eine ansteckende Krankheit verursacht wurde, oder wo auch nur ein Verdacht darauf besteht, muß der Arzt aufgrund seiner Vorschriften das Gesundheitsamt oder die Polizei benachrichtigen. War es ein gewaltsamer Tod, dann ist die Kriminalpolizei zuständig.

Bei all diesen Möglichkeiten geht es zuerst einmal um die Ausstellung der Todesbescheinigung. Das ist das Papier, ohne das man überhaupt keine weiteren Schritte unternehmen kann.

Die Todesbescheinigung wird vom Arzt ausgestellt. Sie ist der Anfang einer langen Papier- und Dokumentenkette.

Vergessen wir für einen Augenblick die offiziellen Pflichten und wenden uns der Betroffenen zu, die den Verlust erleidet und auch an sich selbst denken muß.

»Stop the world, I want to get off« – so heißt der Titel eines Theaterstücks. Man hat vielleicht tatsächlich das Gefühl, die Welt

habe aufgehört, sich zu drehen, man bewege sich in einem luft-
leeren und zeitlosen Raum, aber aussteigen kann man nicht. Es
gibt keine Möglichkeit, sich dem Räderwerk des Geschehens zu
entziehen.

Sie brauchen jetzt die Hilfe einer vertrauten Person

Rufen Sie deshalb sofort einen Ihnen sehr nahestehenden Menschen an, eine gute Freundin, einen Freund Ihres Mannes oder
einen lieben Verwandten, von dem Sie selbst gern getröstet sein
möchten, von dem Sie aber auch Tatkraft und klares Denken erwarten können. Sie haben beides nötig! Das ist ein Augenblick,
den Sie in Ihrem Leben nie mehr vergessen werden, und wenn
Ihnen in diesen ersten Stunden ein Mensch zur Seite ist, der Sie
versteht und dem Sie vertrauen können, dann verbindet Sie das
für den Rest Ihres Lebens miteinander.

Das ist jemand, der Sie stillschweigend in den Arm nimmt und
Wärme ausstrahlt, der die Tür öffnet, wenn es klingelt, Telefon-
gespräche für Sie führt, wenn es Ihnen zu schwer fällt, der in der
Küche etwas zu essen macht und dafür sorgt, daß die Kinder auf-
gefangen werden.

Eine Skizze zu solch einer Situation:

*Die jüngere Freundin rief plötzlich an, ihr Mann sei unerwartet
an einer akuten Krankheit gestorben. Es war nun ihre Aufgabe, als
erstes die gebrechliche, alleinstehende und nichtsahnende Mutter
vom Tod des einzigen Kindes zu unterrichten. Ein harter Gang,
wenn man selbst den »Tod im Herzen« trägt. Die beiden Frauen
gingen zusammen zu der alten Dame und sorgten dafür, daß diese
dann nicht allein zurückblieb. Danach standen sie mit hängenden
Armen auf der Straße: Was nun?*

*Es war ein sonniger, warmer Tag im Sommer, gegenüber lag ein
Gartenrestaurant. »Wir gehen jetzt Erdbeeren essen, mit Sahne!«
war der befehlsmäßig klingende Vorschlag der älteren Freundin.
Nichts schien der jungen verzweifelten Frau absurder als das. Sie
aßen Erdbeeren, und viele Jahre später war es für sie ein geheimes
Signal des Verstehens: »Weißt du noch – die Erdbeeren?«*

Die Kinder

Wenn Sie Kinder haben, dürfen Sie sich ihnen nicht verschließen. Man kann Kinder von dem, was über die Familie hereingebrochen ist, nicht verschonen. Sie wollen und sollen es mittragen, aber sie brauchen dabei die Nähe ihrer Mutter. Auch hier ist ein vertrauter Mensch in den ersten Stunden ein guter Mittler, denn die Mutter wird nicht immer Rede und Antwort stehen können. Kinder reagieren recht unberechenbar und unerwartet auf solche Schicksalsschläge, und alle Geschwister tun es auf eine andere Weise. Das lernt man erst später zu durchschauen und richtig zu verstehen. Deshalb ist es gut, wenn in dieser Zeit noch eine Bezugsperson neben der Mutter steht.

Die Verwandten

Man fühlt sich von der ganzen Macht dieses Geschehens getroffen und neigt dazu, über dem verletzten Selbst die zu vergessen, die wahrscheinlich genauso vom Tod des geliebten Menschen erschüttert sind: die Eltern und Geschwister des Verstorbenen. Es gibt alleinstehende Frauen, die noch viele Jahre nach dem Verlust eines Kindes und eines Ehemannes überzeugend versichern, daß der Tod eines Kindes das Schwerste für eine Frau ist. Denken Sie an seine Mutter mit dem Gefühl der Vertrautheit, auch wenn Sie sich vielleicht nie sehr nahe gekommen sind, öffnen Sie ihr die Tür zu Ihrem eigenen Schmerz und helfen Sie ihr mit einer Geste der Verbundenheit. Solche Stunden können durch kleine Liebesbeweise viel bewegen. Das klingt vielleicht etwas rührselig, aber es ist ernst gemeint und aus Erfahrung gesagt. Derartige Grenzsituationen sind keine Einzelschicksale, aber für jeden einzelnen sind es Erlebnisse, deren Erinnerung nie mehr verlöscht.

Aber zurück zum Notwendigen, zur Bewältigung dieses einen Alltags, der für die Betroffenen alles andere als das ist.

Das Beerdigungsunternehmen

Es gilt nun, ein Beerdigungsinstitut anzurufen. Mit diesem Schritt setzen Sie ein Uhrwerk in Bewegung, das nicht mehr anzuhalten ist, ein Karussell beginnt sich zu drehen, von dem Sie nicht mehr abspringen können.

Das Beerdigungsunternehmen wird mit Ihnen sofort einen Besuch, am besten bei Ihnen zu Hause, vereinbaren. Sie sollten bei dieser Unterredung nicht allein sein, sondern einen mitdenkenden Menschen neben sich haben. Dadurch wird Ihnen bei nun fälligen Entscheidungen geholfen, nicht zu emotionell gelenkte Beschlüsse zu fassen.

Bestattungsinstitute sind Dienstleistungsbetriebe, die Ihnen vom Sparsamsten bis zum Üppigsten alles anbieten. Man selbst ist gefangen in seiner Trauer und möchte dem Toten alle Würden und Ehren erweisen, die nur denkbar sind. Die Frage nach den Kosten erscheint in diesem Augenblick schal und für die Trauernde peinlich. Aber man sollte ihr nicht aus dem Weg gehen.

Der Vertreter des Beerdigungsinstitutes, der zu Ihnen kommt, wird Ihnen möglicherweise Vorschläge machen, die mit Ihrem Stil und Ihren finanziellen Gegebenheiten nicht zu vereinbaren sind. Und Sie selbst müssen sich in dieser schweren Stunde davor hüten, eine pompöse Ausstattung mit einer intensiven Trauer gleichzusetzen. Vielleicht wundern Sie sich auch, wenn der Mitarbeiter des Unternehmens sehr sachlich vorgeht. Aber dezente Sachlichkeit ist in solcher Situation oft hilfreicher als leere Worte des Beileids. Bedenken Sie, welch begnadete Psychologen diese Menschen sein müßten, um es jedem Trauernden recht zu machen. Es ist ihr Beruf, ständig mit dem Tod und den durch ihn Erschütterten umzugehen. Am besten wird Ihre Zusammenarbeit sein, wenn Sie sich so geben, wie es Ihnen gerade zu Mute ist, und ehrlich Ihre Vorstellungen und Wünsche äußern. Sie müssen viele Fragen besprechen und werden Ihrem Berater dankbar sein, daß er an alles denkt. Diese Unternehmen sind heute unerläßliche Partner für die Hinterbliebenen geworden. Da sie sich selbst als Dienstleistungsbetrieb verstehen, bieten sie eine nüchterne, umfassende Beratung. Sie sind kompetent in allen Fragen, die sofort nach einem Todesfall akut werden und helfen nicht nur bei der Beschaffung der Papiere, bei der Planung und Ausführung der Bestattung, sondern auch bei der Abwicklung von Formalitäten mit Behörden, Kommunen und Kirchen. Auch in bezug auf Ihre finanziellen Ansprüche an Krankenkassen und Versicherungen haben sie das Know-how.

Bei der Wahl des Bestattungsunternehmens könnten Sie an Ihre Eindrücke von Beisetzungen im Freundes- und Familienkreis denken. Sie bekommen aus dieser Quelle sicher auch gute Adressen. Bitten Sie Ihre anwesende Freundin, bei diesem Gespräch für Sie Notizen zu machen. Es könnte sein, daß Sie gehemmt und unkonzentriert sind, vielleicht fühlen Sie sich unfähig, schnelle Entscheidungen zu treffen, ungeniert nach den Kosten zu fragen, und unwillig, den abwägenden Verstand über die Gefühle siegen zu lassen. Da kann eine dritte Person, die mitempfindet, aber gleichzeitig unvoreingenommen urteilt, eine große Hilfe sein.

Wichtige Papiere

Halten Sie für den Bestattungsunternehmer folgende Papiere bereit. Er braucht sie, um Ihnen viele Gänge abzunehmen:

Die *Heiratsurkunde* oder das *Familienstammbuch*. Dieses Papier und die vom Arzt ausgestellte *Todesbescheinigung* brauchen Sie unbedingt zur Beantragung der *Sterbeurkunde*. Letztere wird bei dem Standesamt beantragt, in dessen Bereich der Todesfall eingetreten ist, und zwar spätestens am ersten Werktag, der dem Todestag folgt. Die Sterbeurkunde ist wie die Geburts- und Heiratsurkunde ein Dokument, das Sie für alle weiteren Schritte brauchen, z. B. bei Ansprüchen gegenüber Versicherungen, Renten, Banken, Kündigungen von Verträgen usw. Da die Ausstellung der Sterbeurkunde in manchen Gemeinden bis zu zwei Wochen dauern kann, sollte sie so schnell wie möglich beantragt werden. Denken Sie daran, daß Sie *mehrere Exemplare* davon brauchen und daß Photokopien bei Behörden nicht akzeptiert werden. Also lassen Sie sich gleich mehrere Exemplare ausstellen, um sich spätere Gänge wegen einer Beglaubigung der Abschrift zu ersparen.

Die Bestattung

Wenn Sie schon eine Grabstelle auf dem Friedhof haben, dann legen Sie für das Beerdigungsinstitut auch den *Grabbrief* zurecht. Sie werden sich auch Gedanken machen müssen, in welcher Form die Bestattung erfolgen soll. Haben Sie sich vielleicht in glücklichen Zeiten einmal darüber unterhalten, welche Form der Verstorbene für sich in Betracht zog? Meist wissen Ehepaare voneinander, ob sie erd- oder feuerbestattet werden wollen, und welche Art einer Beerdigung ihnen am geeignetsten erscheint. Sie müssen sich also nun entscheiden zwischen Erd-, Feuer-, See- oder anonymer Bestattung.

Dabei ist es wichtig zu wissen, daß in Deutschland mit Ausnahme der Seebestattung absoluter Friedhofszwang besteht und die Gesetze in dieser Hinsicht sehr streng sind. Während in England die Asche in alle Winde verstreut werden darf und in einigen uns benachbarten Ländern ein meist gepflegter Streuacker zu finden ist, sind in Deutschland Urnen zur Aufbewahrung der Asche vorgeschrieben, und diese müssen auf einem Friedhof beigesetzt werden. Auch Familien, die auf eigenem Grundstück ein Familiengrab haben, müssen heute mit allergrößten Schwierigkeiten rechnen, wenn sie eine Ausnahmeerlaubnis erlangen wollen.

Eine Beerdigung darf frühestens 48 Stunden nach Eintritt des Todes ausgeführt werden. Die *Fristen*, bis wann eine Beerdigung stattgefunden haben muß, sind in den Bundesländern verschieden. Man versucht zwar, in absehbarer Zeit alles einheitlich auf 120 Stunden zu setzen, aber soweit ist es im Augenblick noch nicht. Wenn die Zeitspanne sich als zu kurz erweist, dann ist überall eine Fristverlängerung möglich.

Bei der *Wahl des Friedhofs* sind bestimmte Vorschriften zwingend. Es gibt kommunale und kirchliche Friedhöfe. Die Beisetzung auf einem kirchlichen Friedhof kann verweigert werden, wenn man kein Mitglied der betreffenden Kirchengemeinde oder ganz aus der Kirche ausgetreten ist oder einer besonderen Sekte oder Religionsgemeinschaft angehört. Hingegen muß ein Gemeindefriedhof die in seiner Gemeinde gemeldeten Personen immer aufnehmen, während Fremden, etwa aus Platzgründen, das Bestat-

tungsrecht verweigert werden kann. Das sind Verhandlungs-
fragen, die Ihnen das Beerdigungsunternehmen abnimmt.

Die *Einäscherung,* vor Jahren meist nur in protestantischen
Gegenden üblich, wird seit 1964 auch von der katholischen
Kirche erlaubt. Oft wird dazu nach einer schriftlichen Willenserklärung der Ehefrau oder einer Verfügung des Verstorbenen
gefragt.
Die katholische Kirche hatte sich lange gegen die Feuerbestattung gesträubt, da die Verbrennung nicht mit den Vorstellungen
einer leiblichen Auferstehung zu vereinbaren war. Karl der Große
hatte die Leichenverbrennung sogar mit der Todesstrafe sühnen
lassen! Ausgehend von den Gedanken der Französischen Revolu-
tion wurde eine Kremation aus hygienischen und platzsparenden
Gründen im letzten Jahrhundert immer wieder propagiert. Die
katholischen Freimaurer stellten sich besonders vehement dagegen, und da ihr Einfluß groß war, blieb die Einäscherung bis
zum 2. Vatikanischen Konzil (1962–1965) auch verboten.
Heute sind in Deutschland in manchen Gegenden schon mehr
als die Hälfte aller Beisetzungen Feuerbestattungen. Das ist eine
schnelle Entwicklung, denn erst 1876 wurde in Mailand das erste
europäische Krematorium errichtet. Zwei Jahre später folgte in
Deutschland die Stadt Gotha. Zur Zeit werden viele Kremato-
rien umgerüstet, um den modernen Umweltschutzauflagen gerecht zu werden. Deshalb entstehen wegen Überbelastung hin
und wieder beachtliche Wartezeiten, und man sollte bei der Planung des Termins etwas flexibel bleiben. Spätestens 24 Stunden
vor der Einäscherung muß ein entsprechender Antrag gestellt
werden. Auch dazu ist die Sterbeurkunde nötig. Ihr Helfer vom
Beerdigungsunternehmen wird Sie daran erinnern, daß vor einer
Einäscherung ein eventuell vorhandener Herzschrittmacher ent-
fernt werden muß.
Bedenken Sie, daß sich eine Feuerbestattung in zwei Phasen ab-
spielt: die Einäscherung und die spätere Urnenbeisetzung. Sehr
oft ist die Trauerfeier bei der Einäscherung das offizielle Abschiednehmen, während die Beisetzung der Urne dann etwas
später im engeren Familienkreis stattfindet.

Die *Seebestattung* ist im Grund auch eine Urnenbeisetzung, denn sie erfordert eine vorhergehende Einäscherung. Früher war nur Seeleuten das Recht vorbehalten, auf See bestattet zu werden, was heute nicht mehr zutrifft.

Man sollte zu Lebzeiten handschriftlich (wobei Ort, Datum und Unterschrift nicht vergessen werden dürfen) erklärt haben, daß man seebestattet werden möchte. Liegt eine solche Erklärung nicht vor, müssen die Hinterbliebenen einen entsprechenden Antrag stellen und eine Begründung vorbringen. Alles weitere regelt dann das Beerdigungsinstitut. Es gibt verschiedene Möglichkeiten für eine Seebestattung: Darauf spezialisierte Schiffe versenken außerhalb der Drei-Meilen-Zone die Urne mit mehr oder weniger Feierlichkeit. Daraus ist mittlerweile ein vielseitiges Angebot geworden. Man kann aber auch mit einem Boot auf die See hinausfahren und die Urne selbst versenken. Hierbei gibt es allerdings eine eiserne Bestimmung: Es muß ein Kapitän an Bord sein, der auf einer Seekarte in der vorgeschriebenen Entfernung vom Land die genaue Position der Versenkung einträgt und im Logbuch vermerkt.

Urnen für Seebestattungen unterliegen besonderen Vorschriften: Sie sind aus einem Material, das sich innerhalb von Stunden auflösen muß. Früher wurden Urnen noch mit Zement ummantelt. Ein bekannter Seebär erzählte schmunzelnd, daß sich vor der norddeutschen Küste allmählich wahrhaft gefährliche »Urnenriffs« gebildet hätten, auf die die Schiffe auflaufen. Durch die lösbaren Stoffe des Materials wird ausgeschlossen, daß die Urnen wieder aufgefischt werden.

Schließlich bleibt noch die Möglichkeit der *anonymen Bestattung*. Es handelt sich hier um eine namenlose und unpersönliche Beerdigung des Sarges oder der Urne. Sie wird vom Friedhofspersonal in angemessener Form vorgenommen, ohne daß Angehörige dabei sein können. Man erfährt weder den Liegeplatz noch den Zeitpunkt der Bestattung, sondern weiß lediglich, daß der Verstorbene oder seine Asche auf dem Gemeinschaftsfeld beigesetzt wurde. Ob man diesen endgültigen Verzicht auf alle Möglichkeiten äußerer Erinnerung gutheißen will, muß jedem überlassen bleiben; aber der Gedanke an eine Beisetzung des Verstorbenen

ohne irgendeine persönliche Bezeichnung sollte doch gut über-
legt werden. Zudem läßt sich eine derartige Entscheidung nicht
mehr rückgängig machen. Da ist dann kein Ort auf dem Friedhof, wo man einmal mit Blumen hingehen kann, keine Stelle, wo
man Kindern oder Enkeln zeigen könnte, daß dort jemand liegt,
der in der Reihe der Ahnen auch für ihr Leben eine Rolle gespielt
hat. Es gibt auch keinen Platz mit Symbolwert, an dem man sich
selbst oder den verlorenen Partner suchen könnte. Viele Menschen brauchen einen Ort, zu dem sie gehen können, um Zwie-
sprache mit dem Verstorbenen zu halten, wo sie die Ruhe finden,
ihren Schmerz loszulassen, wo der Alltag nicht hinreicht und wo
sie sich dem Toten nahe fühlen können. Die meisten Trauernden, so sagen die Psychologen, haben nach einiger Zeit der
Trauer das Bedürfnis, für den Verstorbenen irgend etwas zu tun
und ihn im Kontakt mit einem Erinnerungsort zu suchen.

»Friedhöfe sagen mir überhaupt nichts!«, das ist ein häufig gehör-
ter Ausspruch in unserer heutigen Zeit. Meist sind es sehr vernünftige junge Leute, die so urteilen. Aber haben sie schon einmal einen geliebten Menschen, der einen Teil ihres Lebens
ausgefüllt oder vielleicht sogar erfüllt hat, begraben müssen? Die
Einstellung zum Grab auf dem Friedhof kann sich im Laufe eines
Lebens sehr ändern. Hier wird eine endgültige Entscheidung getroffen, die sich nicht mehr korrigieren läßt. Daran muß man
denken. Für viele Menschen ist das Abschiednehmen ein wichtiger schrittweiser Vorgang, der auch an Äußerlichkeiten gebunden
ist. Wer auf diese Symbole verzichtet, muß seiner selbst sehr
sicher sein. Es gibt zur Zeit Überlegungen, daß nur dann eine
anonyme Bestattung durchgeführt werden darf, wenn eine entsprechende schriftliche Willenserklärung des Verstorbenen vor-
gelegt wird. In Gütersloh gibt es z. B. einen Friedhof, der eine
andere Lösung anbietet: Auf einer größeren Rasenfläche wird im
Beisein der Angehörigen die Urne beigesetzt. Der Familie bleibt
es überlassen, die Stelle mit einem flachen Stein zu markieren.

Die Wahl des Grabes

Wenn Sie sich wegen der Art der Bestattung im klaren sind, dann bleibt noch die Wahl des Grabes zu erörtern. Es gibt Wahlgräber und Reihengräber, und beide kommen sowohl für Erdbestattungen als auch für Feuerbestattungen in Frage.

Ein *Wahlgrab* können Sie selbst nach Lage und Größe aussuchen. Auch Familiengräber zählen zu dieser Kategorie. Bei einem Familiengrab ist zu beachten, daß der offizielle Besitzer der Grabstätte seine schriftliche Einwilligung geben muß. Die Kosten für ein Wahlgrab sowie für die Benutzung eines bereits vorhandenen Familiengrabes sind nicht zu unterschätzen. *Reihengräber* sind wesentlich preisgünstiger. Wie der Name sagt, werden sie der Reihe nach vergeben. Weil Standort und Größe festgelegt sind, hat man also keinen Einfluß auf die Lage der Grabstätte. Der andere wesentliche Unterschied zum Wahlgrab liegt darin, daß Reihengräber nur für eine einzige Beisetzung genutzt werden können und dort später kein weiterer Angehöriger mehr beigesetzt werden kann. Außerdem fällt ein Reihengrab nach der vorgeschriebenen Ruhezeit ohne Verlängerungsmöglichkeit an den Friedhof zurück. Sie müssen wissen, daß Gräber grundsätzlich nie Eigentum des Erwerbers werden. Auch beim Wahlgrab kaufen Sie nur für eine gewisse Zeitspanne das Nutzungsrecht. Allerdings haben Sie hier den Vorteil, daß diese Zeitspanne verlängert werden kann.

Wenn Sie eine Beisetzung im bereits vorhandenen *Familiengrab* planen, dann halten Sie den Grabbrief bereit. Es ist auch wichtig, die noch verbleibende Zeit des Nutzungsrechts zu erfahren, denn vor einer Neubelegung des Grabes muß die Ruhezeit verlängert und die gesetzliche Ruhefrist wieder voll bezahlt werden.

Ein Beispiel: 1970 war die letzte Beisetzung auf der Familiengrabstätte. Die gesetzliche Ruhefrist beträgt auf diesem Friedhof 25 Jahre. In den einzelnen Bundesländern variieren die Fristen etwas. Wurde nun im Jahre 1993 die nächste Bestattung auf dem Grab fällig, dann muß die Ruhezeit wieder voll aufgefüllt werden auf 25 Jahre. Eine 1970 bezahlte Ruhefrist gilt bis 1995. Da die nächste Beerdigung 1993 fällig war, muß der Angehörige also die Ruhefrist bis 2018 bezahlen. Bis 1995 war bereits bezahlt worden, also werden diese zwei Jahre von der neu zu begleichenden Summe abgezogen, die Gebühr ist für 23 Jahre zu entrichten. Nimmt man einmal an, daß das Grab sechs Grabstellen hat, von denen eine im Jahr DM 45 kostet, dann sind für die erneute Benutzung dieser Grabstätte sechsmal DM 45 für 23 Jahre zu bezahlen. Das sind stolze DM 6210. Die Gebühr muß v o r dem Begräbnis bezahlt werden, Verhandlungsmöglichkeiten sind ausgeschlossen.

Es kann daher unter Umständen günstiger sein, von einer Beisetzung im Familiengrab abzusehen und ein eigenes Wahlgrab mit ein oder zwei Plätzen zu kaufen; es sei denn, Sie haben in Ihrer Familie unter den Angehörigen, die an einem Platz im Familiengrab interessiert sind, eine Absprache über die Beteiligung an den Kosten zur Verlängerung der Ruhezeit.

Bei einem bereits vorhandenen Familiengrab oder Wahlgrab ist der Inhaber des Nutzungsrechts für die Kosten verantwortlich. Falls der verstorbene Ehemann der Nutzungsberechtigte war, dann geht das Nutzungsrecht auf die Witwe über, dann auf die gemeinsamen Kinder, dann auf deren Ehegatten; es folgen die Enkel, die Ehegatten der Enkel und dann erst Eltern, Geschwister und Großeltern. Man kann aber auch schon zu Lebzeiten seinen Nachfolger für das Nutzungsrecht bestimmen, falls man nicht an diese Rangordnung gebunden sein will. Ein entsprechendes Schreiben an die Friedhofsverwaltung mit beiliegender Einverständniserklärung des Nachfolgers genügt. Der Nachfolger im Nutzungsrecht muß übrigens die Wünsche des Nutzungsberechtigten erfüllen, falls dieser schon zu Lebzeiten bestimmt hat, wer einmal auf der Grabstelle liegen soll.

Die dritte Möglichkeit, bei der Sie keine Grabstätte erwerben müssen, ist die schon oben besprochene *anonyme Bestattung*. Genauer Standort und Zeitpunkt der Beisetzung werden nur in den Friedhofsbüchern festgehalten und Ihnen nicht mitgeteilt. Die Kosten für den Liegeplatz sind etwa gleich hoch wie die für ein Reihengrab. Man beteiligt sich damit sozusagen an der Benutzung und Pflege des Gemeinschaftsfeldes.

Präzise Angaben zur Lage des Grabes

Wenn die Grabwahl getroffen ist, dann sorgen Sie dafür, daß sowohl der Friedhof als auch Ihr Bestattungsunternehmer ganz klare Anweisungen über die Lage des Grabes haben. Beerdigungsunternehmer wissen schaurige Geschichten zu erzählen, wo Ungenauigkeiten zu peinlichen Verwechslungen geführt haben. Solche Gefahren kann man durch exakte Angaben vermeiden. Vielleicht ist es am besten, wenn Sie sich die gewählte Grabstelle selbst noch einmal ansehen. Sie wird Ihnen dann auch am schweren Tag der Beisetzung nicht gar so fremd erscheinen.

Die Termingestaltung

Leider ist die Aufzählung der ersten notwendigen organisatorischen Überlegungen aber damit noch nicht beendet. Ihr Beerdigungsunternehmer wird den ungefähren Termin der Beisetzung wissen wollen, um dafür alle orts- und zeitgebundenen Absprachen zu machen. Legen Sie sich nicht gleich fest, sondern verlangen Sie etwas Bedenkzeit. Es ist nämlich nötig, daß Sie zuerst mit der von weiter kommenden Verwandtschaft Kontakt aufnehmen, daß Sie mit dem Betrieb, in dem der Verstorbene gearbeitet hat, sprechen und eventuell den Pfarrer nach seinem Terminplan fragen. Folgen Sie dem Rat, den Termin der Trauerfeierlichkeiten nicht zu kurz anzusetzen. Der mitwirkende Pfarrer muß frei sein. Falls Sie musikalische Umrahmung wünschen, müssen Sie auf die Verfügbarkeit der Musiker Rücksicht nehmen, und auch die Geschäftsfreunde Ihres Mannes sollten die Gelegenheit haben, vielleicht anstehende Termine noch abzuändern.

Die Todesanzeigen

Wenn Sie Tag, Ort und Zeit für die Trauerfeier oder Beerdigung festgelegt haben, dann wird es auch Zeit, an die Anzeigen zu denken. Diese Todesanzeigen sollten so bald wie möglich abgesandt werden. Beim Adressenschreiben helfen Ihnen bestimmt Freunde oder Verwandte. Fangen Sie an, in Ruhe zu delegieren, wo man Ihnen Pflichten und Aufgaben abnehmen kann. Bestimmt wird Ihnen von vielen Seiten Hilfe angeboten; wenn Sie auch zuerst denken werden, daß Ihnen doch niemand helfen kann, so werden Sie bald dankbar sein, wenn Sie sich nicht um alles selbst kümmern müssen.

Den Druck der Anzeigen kann ebenfalls das Bestattungsinstitut organisieren, den Text müssen Sie selbst bestimmen. Und das fällt oft sehr schwer. Wenn man sich schon früher einmal Texte, die einem für einen solchen Fall besonders angemessen erschienen, beiseite gelegt oder gemerkt hat, dann wird die Wahl der Worte leichter.

In solchen Grenzsituationen ist ein Mensch zu allen Extremen fähig: Man gerät leicht in Versuchung, allzu dramatisch zu formulieren, oder man wählt aus Angst, seine Gefühle zu sehr zu offenbaren, kalte und nüchterne Worte. Das rangiert dann von »zutiefst erschüttert und unfaßbar...« bis zur banalen Feststellung »am... starb mein Mann«.

Sie sollten sich in der Todesanzeige mit Ihrem Schmerz nicht verleugnen, aber auch nicht exponieren. Ein Text wie »wir trauern um...« mit kurzen informierenden Andeutungen, ob der Verstorbene lange krank war oder plötzlich sterben mußte, wird am ehesten das aussagen, was Sie mitteilen wollen. In einer Zeitung war vor nicht langer Zeit eine im üblichen Format gedruckte Todesanzeige mit folgendem Text zu lesen: Titel, Name, Grad und Stellung... »gibt sich die Ehre, seinen Abruf in die Ewigkeit am... mitzuteilen.« Und darunter stand kleiner gedruckt: »Ohne Blumen. Ohne Tränen.«

Übrigens sind in keinem anderen Land in den Zeitungen so großformatige Todesanzeigen zu finden wie in Deutschland.

Seien Sie bei der Bestellung der Karten nicht zu sparsam, und besorgen Sie gleich zwei Dutzend mehr, als Sie zu brauchen glauben. Nachträglich fallen Ihnen bestimmt noch viele Adressen ein, die Sie zuerst vergessen hatten. Sollte Ihnen das Beerdigungsinstitut einen Computerdruck vorschlagen, der dort im Hause hergestellt werden kann, dann ist das eine zeit- und mühesparende Lösung.

Haben Sie die Absicht, nach der Beisetzung noch die Möglichkeit zu einem Zusammensein im kleineren Kreis zu geben?

Oft kommen enge Verwandte und Freunde von außerhalb, die kurz nach der Trauerfeier wieder nach Hause fahren müssen.

Wenn Sie der Todesanzeige in solchen Fällen eine Karte beilegen, daß man sich noch trifft, wird man Ihnen dankbar sein und kann das zeitlich einplanen. Ein Hinweis, wo der Ort dieses Treffens sein wird, ist ratsam. Dies erspart den Ortsfremden langes Suchen; und die Gelegenheit, mit den Angehörigen noch für ein paar persönliche Worte Zeit zu finden, ist meist willkommen.

Eine Zeitungsannonce ist das geeignetste Mittel, um die Nachricht vom Tod sowie Ort und Zeitpunkt der Beisetzung bekanntzugeben. Vielleicht ist es ratsam, dabei zu überlegen, ob man die Wohnadresse des Trauerhauses weglassen sollte. Einbrecher lesen Todesanzeigen mit speziellem Interesse und bei reichen Witwen auch mancher Heiratsschwindler.

Versicherungen

Als letzter Punkt in der Besprechung mit dem Vertreter des Bestattungsinstitutes wäre noch die Frage der Versicherungen anzuschneiden. Ist der Ehemann durch einen Unfall ums Leben gekommen und bestand eine Unfallversicherung, dann muß die Versicherung unverzüglich (die Fristen variieren zwischen 24 und 48 Stunden) benachrichtigt werden. Diese Frist ist deshalb so knapp angesetzt, weil die Versicherung im Zweifelsfall die Möglichkeit zur Obduktion haben muß. Am besten rufen Sie dort sofort selbst an. Merken Sie sich dabei den Namen des Angestellten, mit dem Sie gesprochen haben, und fragen Sie nach den weiteren Bestimmungen. Man wird Sie bitten, möglichst schnell die Sterbeurkunde, den Versicherungsschein und, wenn möglich, den Nachweis der letzten Prämienzahlung per Einschreiben zu schicken.

Bei einer Berufsunfallversicherung setzen Sie sich am besten gleich mit dem Arbeitgeber in Verbindung.

Sollte ein Autounfall den Tod verursacht haben, dann ist, falls der Verunglückte auf dem Nebensitz saß, nach der Autoinsassenversicherung des Fahrers zu fragen. Das wird häufig vergessen.

Wenn die Lebensversicherung vor weniger als drei Jahren (bei manchen Gesellschaften sind es nur zwei Jahre) vor Eintritt des Todes abgeschlossen worden ist, muß die Versicherung unmittelbar nach dem Tod benachrichtigt werden. Verständlicherweise bestehen die Versicherungen auf der strengen Einhaltung ihrer Meldezeiten. Wenn man darauf Rücksicht nimmt, kann man später vielen Schwierigkeiten aus dem Weg gehen.

Obwohl all diese speziellen Themen nichts mit der Beisetzung zu tun haben, können Sie durchaus auch dazu Ihren Bestattungsunternehmer um Rat fragen. Es ist sein Beruf, Ihnen in den ersten Stunden der Ratlosigkeit zu helfen. Er besitzt schließlich die Informationen, die für Sie in dieser Situation so wichtig sind. Unter Umständen bezahlt die gesetzliche Krankenkasse ein Sterbegeld, das ebenfalls sofort beantragt werden muß.

Und noch ein paar gutgemeinte Ratschläge

Vielleicht haben Sie das große Glück, daß gute Freunde, die sich in Ihre Lage versetzen können, ganz bestimmte Hilfsangebote machen. Auch wenn Sie noch gar nicht übersehen können oder überlegen wollen, was damit gemeint ist, stellen Sie sich doch positiv dazu und versuchen Sie, dankbar zu reagieren.
Ein guter Nachbar, der noch am Todestag vor der Tür stand und sagte: »Gib mir erst einmal alle eingehenden Rechnungen ungeöffnet rüber...« erwies sich wie ein vom Himmel gesandter Engel über viele Wochen. Ein Freund, der sich im Versicherungswesen auskannte und sich anbot, alle anstehenden Fragen zu prüfen und dann zu bearbeiten, wurde zum unentbehrlichen Helfer in der Not und schließlich sogar zum Lehrmeister in Sachen Versicherungen.

Der Beerdigungsunternehmer hat nun mit Ihnen alle vorläufig wichtigen Punkte besprochen und wird sich verabschieden, um Ihren Fall zu bearbeiten. Und da das für sein Institut eine Routinesache ist und seine Erfahrungen zahlreich sind, können Sie ihm auch mit einiger Beruhigung vertrauen und diese auf Sie einstürmenden Probleme und Fragen erst einmal abhaken. Sie haben schon eine sehr gute Arbeit geleistet und die »ersten Schritte« in Ihrer neuen Situation zurückgelegt.
Vielleicht haben Sie noch die Kraft für einen Telephonanruf bei einem Pfarrer, falls Sie eine kirchliche Beisetzung planen. Wenn

Sie für den folgenden Tag einen Termin für ein Gespräch festlegen können, dann sind Sie schon wieder einen Schritt weiter
auf dem Weg in den nächsten Tag. Überlegen Sie sich, was Sie
dem Pfarrer an persönlichen Anhaltspunkten mitgeben wollen.
Hat der Verstorbene selbst etwas hinterlassen, was von seiner
Geisteshaltung zeugt und als Leitmotiv für eine Trauerfeier gelten könnte? Hat er irgendwelche Musik besonders geliebt, was
wollen Sie dem Pfarrer von sich und Ihrem gemeinsamen Leben
erzählen? Das sind Gedanken, für die Sie Zeit brauchen.

Es ist besser, wenn Sie selbst den Pfarrer aufsuchen, anstatt ihn zu
bitten, zu Ihnen ins Haus zu kommen. Da werden Sie sicher
ständig unterbrochen und gestört werden, und solche Gespräche
vertragen keine Hast.

Daß Sie nach all dem erschöpft sind und jetzt keinen vernünfti-
gen Gedanken mehr fassen können, sollte Sie nicht zusätzlich
belasten. Vielleicht hat Sie das Gespräch mit dem Beerdigungsunternehmer am Weinen gehindert, vielleicht aber hat es auch
alle Schleusen der Verzweiflung geöffnet. Beides ist natürlich.
Früher hieß es immer: »Du mußt dich zusammennehmen«! Muß
man das wirklich? Darf man nicht zeigen, wie es einem zu Mute
ist, und weinen, wenn man die Tränen nicht mehr zurückhalten
kann? Sie sollten sich nicht zusammennehmen, wenn es Sie zuviel Kraft kostet. Lassen Sie los! Vielleicht können Sie zum Aus-
klang dieses traurigen Tages etwas Zeit mit Ihren Kindern ver-
bringen und deren Fragen anhören. Aber wundern Sie sich nicht,
wenn keine Fragen kommen. Falls die Kinder noch klein sind,
haben sie vielleicht einen schönen Nachmittag bei der Nachbarin
verbracht, oder sie durften mit Ihrer Freundin oder einer Verwandten etwas Besonderes unternehmen? Dann steht dieses Er-
lebnis sicher im Vordergrund, und Sie fragen sich, wie Freude
dem Schmerz so nahe sein kann.

Vergessen Sie in diesen Tagen nie, daß Traurigkeit und Heiterkeit
nicht unbedingt ein Gradmesser für innere Anteilnahme und
Trauer sein müssen.

Auch der Rat, daß Sie in diesen Tagen nach dem Tod Ihres Partners neben allen notwendigen Gesprächen mit offiziellen oder
sehr vertrauten Menschen auch an sich selbst denken sollten, ist

kein leerer Trostversuch, sondern eine sehr vernünftige und
lebensnotwendige Forderung an Ihre Persönlichkeit. Vergessen
Sie Ihre eigenen Wünsche nicht, wenn Sie sich in den folgenden
Tagen um Garderobefragen kümmern, wenn Sie Essensvorberei-
tungen für die anreisenden Verwandten und Freunde treffen und
sich über die Ausgestaltung der Beisetzung und über das traurige
Wiedersehen mit besonders vertrauten Freunden Gedanken
machen. Alle Gefühlsregungen sind in diesen Tagen besonders
stark, sowohl nach der einen wie nach der anderen Seite. Man ist
emotionell aufgewühlt und erlebt alles mit starker Intensität, und
man hat doch manchmal das Gefühl, wie unter einem Schleier zu
gehen und von der Außenwelt getrennt zu sein. Ob der Witwen-
schleier, unter dem man sich einst verstecken konnte, ein Symbol
für diesen Zustand ist?

Vergessen Sie nicht, den Arbeitgeber zu benachrichtigen

Falls Sie berufstätig sind, vergessen Sie in dieser Situation nicht,
Ihren Arbeitgeber zu benachrichtigen. Falls Sie selbst zu auf-
gewühlt sind, bitten Sie einen Freund/eine Freundin dies für Sie
telefonisch zu erledigen und dem Arbeitgeber (in größeren Betrieben der Personalabteilung) die voraussichtliche Dauer Ihrer
Abwesenheit mitzuteilen. In größeren Betrieben existieren für
Todesfälle meist spezielle tarifvertragliche Regelungen oder Be-
triebsvereinbarungen. In kleineren Betrieben hängt es von der
Großzügigkeit des Arbeitgebers ab, wie viele Tage »Schonung« er
Ihnen gewähren will. Sie haben aber sicherlich immer die Möglichkeit, offiziell einige »freie Tage« zu beantragen. Da Sie aufgrund der starken psychischen Belastung in den ersten Tagen
kaum arbeitsfähig sein werden, wird Sie vielleicht auch Ihr Hausarzt für einige Tage krankschreiben können.

Wenn es geht, nehmen Sie keine Medikamente, sondern versuchen Sie lieber, Ihre Schwäche im Gespräch mit Ihnen nahestehenden Menschen, ob groß oder klein, jung oder alt, aufzu-
fangen. Manchmal wird Sie die Verzweiflung blitzartig überfallen
und schütteln, und dann wieder werden Sie am Rande eines
schlechten Gewissens sich selbst die Frage stellen: »Reagiere ich
denn überhaupt wie eine liebende Frau?«

Der Rat, daß man versuchen solle, an etwas Schönes zu denken, wenn man schlafen geht, hat schon oft geholfen, doch immer gelingt es nicht. Vielleicht empfinden Sie auch plötzlich eine vorher nie gekannte Verbundenheit mit dem Kosmos oder mit Ihrem Glauben oder auch mit dem Verstorbenen, und vielleicht steigt das befreiende Gefühl in Ihnen auf: »Nun habe ich vor nichts mehr im Leben Angst, denn das Schlimmste, das auf mich warten konnte, das ist geschehen.«

Benachrichtigung und Kündigung vor der Beerdigung

Wofür?	Wem muß gemeldet werden?	Wann?
Todesbescheinigung	approbierter Arzt	sofort
Sterbeurkunde*	Standesamt des Bezirks, in dem der Tod eingetreten ist	spätestens am folgenden Werktag
Arbeitgeber des Mannes	Firma, Dienstherr	sofort
Beerdigung*	Friedhofsamt, Pfarramt	sofort
Feuerbestattung*	Friedhofsamt	sofort
Unfalltod*	private Versicherungsgesellschaft	unverzüglich, innerhalb der ersten 24 bzw. 48 Stunden, evtl. früher, Police anschauen
Tod durch Berufsunfall oder Berufskrankheit	Arbeitgeber	Arbeitgeber meldet sofort der Berufsgenossenschaft
Neue Lebensversicherung (vor 3, bzw. 2 Jahren abgeschlossen	Versicherungsgesellschaft	unverzüglich, innerhalb der ersten 48 Stunden, evtl. früher, Police anschauen
Sterbegeld bei der gesetzlichen Krankenkasse*	gesetzliche Krankenversicherung (DAK, AOK)	umgehend
»Kleine Lebensversicherung«*	Bestattungsvereine, Sterbe- und Begräbniskassen	umgehend
Todesanzeigen*	Druckerei, Zeitungsverlage, Beerdigungsinstitut	umgehend

* kann oder muß vom Bestattungsinstitut ausgeführt werden

Welche Unterlagen	Wichtig
Personalausweis des Toten	Todesbescheinigung sollte bei dem Toten liegen
Todesbescheinig., Heiratsurk. od. Familienbuch od. beglaub. Auszug a. d. Familienbuch., evtl. Geburtsurk. des Verstorbenen	Es ist ratsam, mehrere Urkunden zu beantragen. Abmeldung erfolgt bei Beantragung der Sterbeurkunde
Wenn möglich Sterbeurkunde	Personalpapiere einschl. Lohnsteuerkarte und Rentenversicherungsunterlagen anfordern
Sterbeurkunde; wenn schon Grabstelle vorhanden, Grabbrief	Beerdigung ist frühestens 48 Stunden nach Eintritt des Todes möglich. Fristen s. »Erste Schritte«.
Sterbeurkunde, Einwilligung zur Einäscherung	Wenn Anweisung des Verstorbenen fehlt, können auch die Witwe und Familienangehörige Entscheidung treffen
Sterbeurkunde, Versicherungsschein, letzte Beitragsquittung	Benachrichtigung per Tel., schriftl. oder per Fax. Unterlagen per Einschreiben schicken
Sterbeurkunde, ärztl. Zeugnis der Todesursache, bei Unfall polizeiliches Protokoll, Versicherungsschein	Bei Berufskrankheit evtl. Unterlagen über Beginn und Verlauf der zum Tode führenden Krankheit. Evtl. auch hier Sterbegeld beantragen
Sterbeurkunde, Versicherungsschein, letzte Beitragsquittung	Benachrichtigung per Tel., schriftl. oder per Fax. Unterlagen per Einschreiben schicken
Sterbeurkunde, Nummer der Krankenversicherung	Sterbegeld ist Beihilfe zu den Beerdigungskosten. Darum zieht es Beerdigungsinstitut selber ein
Sterbeurkunde, Police	Beerdigungsinstitute können Anmeldung und Einholung der Sterbegelder übernehmen
Text	Umschläge gleich mitnehmen, evtl. Absprache mit Arbeitgeber

Der Abschied vom Partner

Was heißt hier Abschied? Ist es ein endgültiger Abschied oder nur ein Auf-Wiedersehen-Sagen, ein »à Dieu«, Gott befohlen?

Die innere Einstellung des Überlebenden, sein Glaube oder Unglaube und seine Meinung zum Leben nach dem Tod werden die Gedanken und Gefühle beim Abschied von einem geliebten Menschen bestimmen.

Man braucht einer Religion nicht blind ergeben zu sein, wenn man sich mit der Möglichkeit eines Weiterlebens nach dem Tod beschäftigt. Die Lehre der Wiedergeburt kann bejaht oder abgelehnt werden, aber fast alle Menschen hören interessiert zu, wenn irgendwo dieses Thema diskutiert wird.

Während unseres Erdenlebens tun wir mehr oder weniger tapfer so, als ob es das Jenseits wirklich erst jenseits unseres Hierseins gäbe. Aber wer sagt uns, daß die Grenzen nicht fließend sind? Woher wollen wir wissen, daß eine Daseinsform, die wir nicht sehen und mit dem Verstand nicht begreifen können, nicht existiert? Nur weil wir sie nicht begreifen können?

Kann man mit konsequenter Überzeugung etwas ablehnen und als nicht existent erklären, nur weil man keine handfesten und wissenschaftlich unerschütterlichen Beweise für die Alternative findet? Gibt es vielleicht doch eine Seele, die nach dem Tod weiterlebt und den abgestorbenen Körper verläßt? Solche Fragen werden meist erst dann für uns relevant, wenn unser Leben durch eine Begegnung mit dem Tod erschüttert wurde.

Die Furcht vor dem Sterben und die Frage nach der Endgültigkeit des Todes beschäftigt die Menschheit seit ihren Anfängen. Gibt es ein Leben nach dem Tod? Wo spielt sich das ab? Wie sieht das Jenseits aus, in das die Verstorbenen entschwinden? Oder ist mit dem Tod vielleicht wirklich alles endgültig vorbei? Ist der Tod ein Feind des Lebendigen, oder kommt er als Erlöser? Alle Religionen haben zu diesen Fragen ihre eigenen Antworten ge-

sucht, Völker haben ihre eigenen Todes- und Leichenriten entwickelt; und die Einstellung des Menschen zum Tod und Toten-
reich beherrschte in allen Kulturepochen Denken und Dichtung.
Bei vielen afrikanischen Stämmen ist z. B. vielfach die Überzeugung zu finden, daß der Tote weiterlebt, aber unfähig ist, mit den
Lebenden in Kontakt zu treten. Dieser Anschauung steht der
Glaube gegenüber, der Leib des Menschen sterbe, aber die Seele
verlasse den toten Körper und lebe weiter. Hier ist der Tod nicht
die Aufhebung des Lebens, sondern ein Übergang in einen anderen, uns Lebenden nicht wahrnehmbaren Zustand. Eine andere,
sehr unterschiedlich beantwortete Frage ist zum Beispiel das Rät-
sel, wann die Seele den Körper verläßt. In der Mythologie der
verschiedenen Völker gibt es unendlich viele Beschreibungen der
Seelenreise in eine andere Welt. Fast allen ist eines gemeinsam:
Der Weg der Seelen führt übers Wasser in ein Jenseits. Bei den
Germanen war es ein Fluß, den sie Gjöll nannten, Vaitarani heißt
er bei den Indern, und die Griechen dichteten vom Styx und
Acharon. Nach Anschauung der Perser schwillt dieser Fluß von
den Tränen der Hinterbliebenen an. Ein Fahrzeug bringt die
Seele über diese Grenze.

Nach unserer Auffassung ist der Mensch das einzige Lebewesen,
das nicht nur vom Tod weiß, sondern auch mit der Gewißheit
von der Unabwendbarkeit des eigenen Todes leben muß. Der
Sinn unseres Lebens wird vom Tod mitbestimmt oder, im
modernen Existenzialismus, in Frage gestellt. Die Philosophie
bemüht sich genauso wie die Religion um eine Sinndeutung des
Todes, während die Biologie ihre Aufgabe darin sieht, nach der
Ursache des Todes zu suchen. Wer die Frage nach dem Sinn des
Todes stellt, bewertet damit gleichzeitig das Leben. Daraus ergeben sich notwendig Maßstäbe für die Lebensgestaltung, und so
wird der Schritt zur Ethik vollzogen.
Die Frage nach der Deutung des Todes und auch des Lebens ist
so alt wie die Menschheit. Nach Plato liegt der Sinn des Lebens
darin, daß sich die vom Leib gelöste Seele im Reich der Ideen
wiederfindet, denn von dort kam sie ursprünglich her. Dort wird
ihr die Erkenntnis des Gültigen und Ewigen möglich. Im Laufe
der Kulturgeschichte hat sich die Interpretation vom Sinn des

Todes in philosophischer wie in religiöser Betrachtungsweise facettenreich dargestellt, aber keiner der herausragenden Denker kam um die Frage herum, was nach dem Tod geschieht, und keiner fand eine allgemeingültige Antwort. Der Tod bleibt letzten Endes unbegreiflich; er ist die Mauer, über die kein Lebender blicken kann. Und so existieren wir alle in der unvergleichlich paradoxen Situation, daß wir um die unabwendbare Endlichkeit dieses Lebens wissen und doch fähig sind, so zu tun und zu handeln, als hätten wir das ewige Leben gepachtet. Wenn man sich die Ungeheuerlichkeit dieses Gedankens einmal vergegenwärtigt, dann ist es nicht mehr verwunderlich, daß der Mensch nach Auswegen aus diesem Dilemma sucht. Die moderne westliche Philosophie lehnt jeden Beweisversuch für ein Fortleben nach dem Tod ab, während die Religionen dem Menschen den Glauben an eine wie auch immer geartete Fortsetzung schenken.

Wahrscheinlich gehört es zu unserer menschlichen Natur, daß wir diesen Rettungsanker brauchen. Und wer ihn nicht bereitwillig ergreift, der ist gezwungen, so zu leben, als ob der Tod ihn nie ereilt. Die Negierung des Todes, das Weitwegschieben jeglicher Gedanken an die Endlichkeit unseres Daseins ist ein Ausweg aus der Not des Nichtverstehens. Aber ist es ein guter Weg? Sind nicht Kulturen, in denen der Gedanke an den Tod und damit auch das Denken an die Toten dem Lebenden sehr nahe stehen und in den Alltag einbezogen werden, unserer Methode der Verdrängung überlegen? In solchen Kulturen ist der Trauernde nicht isoliert und der Todkranke nicht gefürchtet. Alles läuft natürlicher und »lebensnaher« ab.

Weshalb dieser Exkurs?

Lesen wir die Geburtenzahlen, dann beunruhigen sie uns höchstens aus bevölkerungspolitischer Sicht; werden wir aber mit Todesstatistiken konfrontiert, dann treten wir innerlich erst einmal einen Schritt zurück. Niemand schweigt betreten, wenn eine werdende Großmutter aufgeregt beim Kaffeeklatsch erscheint und zitternd verkündet, daß sie auf einen Anruf wartet, weil ihre Tochter in den Wehen liegt und die Geburt bevorsteht. Alle sind freudig erregt und animiert. Aber wenn dieselbe Frau beim Eintreten verkündet, daß sie dem Telefon nahe sein wolle, weil ihr

Schwiegervater im Sterben liege, dann verstummt das Gespräch, und ein dunkler Schatten legt sich auf die Runde. Hätte sie doch lieber nicht davon gesprochen!

Was wir aus dem Tod und seinen Begleiterscheinungen gemacht haben, ist weitgehend das Produkt einer überzivilisierten, lebensfremden Gesellschaft. Daß wir heutzutage damit so schwer leben können und uns deshalb in die Verdrängung flüchten, ist eine Folgeerscheinung. Und dafür müssen wir mit unserer Unfähigkeit, natürlich trauern zu können, bezahlen. Daher auch das steigende Interesse an esoterischer Literatur, daher die wiederbelebte Mode des Pendelns, Tischerückens und Geisterbeschwörens. Übrigens fällt es auch Skeptikern allmählich schwer, über Berichte hinwegzugehen, die von Erlebnissen am Rande des Todes erzählen.

Es gibt über das Thema Sterben unglaublich viel Literatur, und regelmäßig tauchen entsprechende Berichte in den Zeitschriften auf. Eine vielgelesene Autorin auf diesem Gebiet ist die Schweizer Ärztin Elisabeth Kübler-Ross. Sie veröffentlichte zahlreiche Bücher zum Thema des Weiterlebens nach dem Tod und ist selbst ganz fest davon überzeugt, daß es eine Form von Existenz nach dem biologischen Tod gibt. Ihrer Ansicht nach tritt die Seele des Menschen beim Tod aus dem sterblichen Körper heraus und verläßt wie der Schmetterling seine Hülle, den Kokon. Unfallopfer oder Menschen, die im Koma gelegen hatten, erzählten ihr immer wieder ähnliche Erlebnisse. Die Betroffenen sprachen von der Möglichkeit, den eigenen Körper und alles, was sich um ihn herum abspielte, wirklichkeitsgetreu wahrzunehmen. Die Berichte glichen sich in der Schilderung eines beglückenden Gefühls von Leichtigkeit und Freiheit, von einem überwältigenden Lichterlebnis. Erzählen konnten das natürlich nur solche Personen, die durch ärztliche Kunst oder andere Einflüsse wieder in dieses Leben zurückgekehrt sind.

Jedem steht es natürlich frei, diese Erzählungen als Hirngespinste abzulehnen. Liest man solche Berichte, dann beginnt man unwillkürlich darüber nachzudenken, weshalb viele Menschen im Umgang mit Sterbenden oder schon klinisch Toten so behutsam und ehrfurchtsvoll sind. Der Glaube, daß der Hinübergehende noch alles vernimmt, was um ihn herum getan und gesprochen wird, ist weit verbreitet. Und man hört immer wieder, auch von eher rational veranlagten Angehörigen, daß sie am Lager des Toten noch einmal in Gedanken ihren Dank formulierten und das Gefühl hatten, sie könnten dem Verstorbenen etwas von ihrer Liebe mit auf den Weg geben.

Gibt es einen Weg, den die Toten zu begehen haben?

Wohin, das werden wir auf dieser Welt nicht beantworten können. Die Dimension dessen, was nach dem Tod vielleicht auf uns wartet, bleibt uns verschlossen.

Doch wer daran glauben kann, daß Sterben nur ein Übergang in einen anderen Bewußtseinszustand ist, der findet auch Trost in der Hoffnung, daß der geliebte Mensch nicht absolut von ihm getrennt ist. Und selbst wenn wir überzeugt sind, daß der Tod das Ende von allem Bestehenden bedeutet, müssen wir doch zugeben, daß die Weiterwirkung dieses zu Ende gegangenen Lebens mit dem Tod nicht einfach ausgelöscht sein kann. Dieser Mensch hat uns in der Zeit unseres Zusammenlebens doch geformt und beeinflußt, er lebt nicht nur in unserer Erinnerung, sondern auch in der Art unseres Denkens und Handelns weiter. Eine solche Wirkung ist also auch in unserem Dasein eine Art von Weiterleben, und das vielzitierte Wort keine inhaltslose Phrase.

Unter solchen Gesichtspunkten ist das Wort »Abschied« am Tag der Beerdigung nicht mehr nur von dieser unerbittlichen Härte und Ausweglosigkeit gezeichnet. Vielleicht glauben wir nur, Abschied nehmen zu müssen? Vielleicht ist der geliebte Partner nur unserem dem Diesseits verstrickten Leben entschwunden und begleitet uns in einer anderen Welt, zu der wir noch keinen Zugang haben, weiter? Vielleicht müssen wir uns nur offenhalten für alles, was unserer Verbindung entsprang, und die Erinnerung lebendig halten? Dann kann uns dieser Mensch nie ganz entgleiten.

Wer zu solchen Gedanken fähig ist, kann auch in einer Beerdigung eine Sinngebung finden, die Trost gibt. Wir können mit der Hilfe von anderen die Beerdigung zu einem Abschied in Liebe mit Würde gestalten.

Welche Assoziationen und Gedanken begleiten das Wort Beerdigung?

Blumen, der Sarg, Menschen in Schwarz, Musik, Gebete vielleicht, ein Kirchenraum, ein Pfarrer. Das sind eigentlich alles äußere Attribute eines höchst persönlichen Abschiednehmens von der Hülle eines Menschen, eine Trennung vom Leben in Gemeinsamkeit, aber bestimmt keine Trennung von dem, was dieses Zusammenleben uns gab.

Der Tag sollte Würde haben

Alles, was mit dem Zeremoniell der Beerdigung zu tun hat, wird am besten geplant, indem man sich hin und wieder die Frage stellt, ob das Maß stimmt, ob das, was beabsichtigt ist, dem Verstorbenen angemessen ist und zu dem Bilde, das man von ihm hat, auch paßt.

Einem Menschen, der die Öffentlichkeit mied und gern allein für sich war, wird wahrscheinlich ein anderes Begräbnis gerecht werden als dem ewigen Schauspieler auf der Bühne des Lebens. Wer Publikum liebte und sein Leben als Füllhorn von Ereignissen und sinnlichen Eindrücken verstand, sollte anders zu Grabe getragen werden als der Verinnerlichte, der die leisen Töne vorzog. Für einen Künstler, dem das Material wichtig war, ist die schöne Beschaffenheit des Holzes am Sarg angemessen, während der Lebenskünstler vielleicht unter vielen Blumen zur letzten Ruhe gebracht werden sollte. Musik bei der Trauerfeier kann wunderschön sein, wenn sie zu den Menschen, die betroffen sind, eine gewisse Beziehung hat. Ist sie nur klischeehaft eingefügt und nicht mit Bedacht ausgesucht, dann kann sie eine trostlose Stimmung nur vertiefen. Natürlich hat die Ausgestaltung mit Geld zu tun, aber sie ist nicht unbedingt davon abhängig. Man kann mit vielem Aufwand und noch mehr Kosten eine schrecklich unpersönliche und deprimierende Trauerfeier veranstalten, aber auch mit wenig Geld eine Beerdigung feiern, deren Grundstimmung von liebevoller Behutsamkeit zeugt und bei aller Traurigkeit des Anlasses etwas Tröstliches hinterläßt. Und selbst wenn kleine menschliche Pannen passieren, ist das noch kein Unglück.

Da wurde bei einer Beerdigung, zu der viele Freunde gekommen waren, von nahen Angehörigen musiziert. Vielleicht war es der traurige Anlaß und das persönliche Betroffensein, die Ausführenden verhaspelten sich und selbst der Unmusikalischste in der großen Kapelle hörte, daß etwas nicht stimmte. Die dem Verstorbenen am nächsten Stehenden sahen sich an und lächelten zaghaft, denn sie hörten in Gedanken die Stimme dessen, von dem sie Abschied nahmen, und wußten, welche spezielle Bemerkung er gemacht hätte. Noch lange Zeit später konnte man aus den Kommentaren erkennen, wer da mit dem Herzen Abschied genommen hatte und wer nicht, denn die Eindrücke rangierten von »... als hätte er uns da selbst einen Streich spielen wollen« bis zu »Nein, wie entsetzlich peinlich«.

Vor noch nicht langer Zeit wurde der belgische König in einem Staatsbegräbnis erster Ordnung beigesetzt. Er war plötzlich gestorben. Es kamen Staatspräsidenten und Monarchen aus aller Herren Länder. Man erwartete ein Trauerspiel voll Düsternis und beklemmender Pracht. Es war ein sonniger Tag, die Königin der Belgier hatte den Wunsch geäußert, daß nicht Hoffnungslosigkeit und die Endgültigkeit des Todes diesen Abschied prägen sollten. Sie selbst folgte dem Sarg in einem weißen Kleid, und fast alle, die hinter ihr schritten, trugen graue oder schwarzweiße Kleidung. Der katholische Gottesdienst wurde von den Chorälen des protestantischen Johann Sebastian Bach begleitet. Und nach der Messe, als Abschiedsworte gesprochen wurden, von Menschen, die dem König und seiner Arbeit persönlich nahe gestanden hatten, sangen ein flämischer und ein französischer Künstler ganz moderne ›Songs‹, die sicher ungewöhnlich waren, aber sehr zu Herzen gingen. Diese Trauerfeier war für alle eine tröstliche Begebenheit voller Wärme und Hoffnung. Und was eine Königin gegen alle Traditionen und ein Heer von protokollarischen Vorschriften mit Herz und Verstand erreichen kann, das können Sie auch: Dem Tag des äußeren Abschieds eine Prägung von Dankbarkeit und Hoffnung geben. Versuchen Sie, diesen »letzten Gang«, wie man eigentlich unzutreffend immer wieder sagt, so zu gehen, als ob Sie unter dem Schutz einer liebevollen Begleitung wären.

Sie haben mit dem Bestattungsunternehmen die Vorbereitungen besprochen. Sie haben sich vergewissert, auf welchem Areal des Friedhofs die Beisetzung stattfinden wird, und Sie haben festgelegt, ob es eine kirchliche Beerdigung wird. Dabei erfuhren Sie, daß die Wahl des Friedhofs nicht allein in Ihrem Ermessen liegt. Vor allem kirchliche Friedhöfe haben oft Bestimmungen, daß nur Gemeindemitglieder beigesetzt werden dürfen. Im Gespräch mit dem Pfarrer haben Sie den Ablauf der Trauerfeier kennengelernt und ihm mitgeteilt, welche persönlichen Dinge des Verstorbenen er in seiner Rede streifen könnte. Vielleicht wollen Sie den Sinnspruch, den der Verstorbene bei seiner Taufe oder Konfirmation bekam, gern noch einmal erwähnt wissen, oder Ihr Trauspruch ist geeignet, der Predigt eine persönliche Note zu geben. Texte aus der Bibel, Gebete und Musik sind die Kernstücke aller Begräbnisfeiern, ohne Unterschied der Konfession.

In der evangelischen Kirche wird mehr Wert auf die Predigt gelegt, bei den Katholiken ist die Fürbitte und die Eucharistiefeier ein wichtiger Punkt, aber beide Religionen wollen durch ihr Wort Trost, Wegweisung und Zuversicht spenden. Für beide ist die Auferstehung Christi, die Verkündigung der Osterbotschaft, ein wesentlicher Inhalt der Begräbnisfeier. Für beide Kirchen ist das Begräbnis eines Gemeindemitglieds ein Liebesdienst: Die katholische Kirche zählt das Begräbnis sogar zu den sieben Werken der leiblichen Barmherzigkeit.

Musik bei der Trauerfeier

Woher kommt diese Sitte? Ursprünglich waren es Klageweiber, die mehr oder minder melodisch ihre Klage um den Toten artikulierten. Die Christen glauben an die Auferstehung und sehen den Tod daher weniger düster. Schon im Altertum kannten sie Psalmen und Hymnen, deren Texte trostreich waren. Ab dem 10. Jahrhundert wurden bei der lateinischen Totenmesse liturgische Gesänge üblich. Im Mittelalter waren es die gregorianischen Choräle. Singend wurden die Schrecknisse des jüngsten Gerichts geschildert und Verschonung der Gläubigen erbeten. Das 2. Vatikanische Konzil brachte eine Neuordnung der Begräbnisliturgie. Nun stand nicht mehr die Verdammnis, sondern die Hoffnung im Vordergrund, und das drückte sich auch in den Liedern aus. Solistische Instrumentalmusik allerdings wurde verboten. Luther reformierte auch die Musik: »... singen auch kein Trauerlied noch Leidgesang bei unseren Toten und Gräbern, sondern tröstliche Lieder von Vergebung der Sünden, von Ruhe, Schlaf, Auferstehung der verstorbenen Christen, damit unser Glaube gestärkt und die Leute zu rechter Andacht gereizt werden.« Komponisten wie Johann Sebastian Bach und Heinrich Schütz beeinflußten die Begräbnismusik nachdrücklich. Manchen Lebenden war die Musik bei ihrer Beerdigung so wichtig, daß sie für ihr eigenes Begräbnis Kompositionsaufträge vergaben! In der Biedermeierzeit wurden die Lieder dann sentimentaler und gefühlvoller...

Und heute? Eigentlich hat sich nicht viel verändert. Es ist erstaunlich, daß in einer Zeit des Umbruchs, der Zweifel und des Experimentierens wie der unsrigen, Begräbnisfeiern und die dazugehörige Musik sich nicht wesentlich geändert haben, wenn man sie mit vergangenen Jahrhunderten vergleicht. An den alten Ritualen wird erstaunlich festgehalten. Sogar bei nichtkirchlichen Bestattungen ist der Ablauf mit Ansprache und Musik dem kirchlichen Ritual vergleichbar. Bei einer kirchlichen Trauerfeier ist es das beste, wenn man die Musikwünsche zuvor mit dem Pfarrer bespricht, denn er als »Hausherr« muß mit dem einverstanden sein, was in seiner Kirche gespielt wird. Die Statistik sagt, daß nur fünf Prozent aller Angehörigen, die eine Beerdigung planen müssen, ohne Vorschläge von dritter Seite auskommen. Daher ist es wohl auch kein Wunder, daß mit acht Musikstücken 60 Prozent aller Feiern bestritten werden! Musik hat eine therapeutische Wirkung, daran zweifelt heute niemand mehr. Wenn nur wenige Trauernde zu erwarten sind, sollte man sich überlegen, auf den Gesang ganz zu verzichten. Orgelklänge tönen weitaus voller als ein dünner, kläglicher Gesang.

Beerdigungsinstitute können auch Musiker vermitteln. Es existiert ein offizielles Programm der Friedhofsmusiker, das sehr breit gefächert ist und klassische Stücke von Bach bis Wagner, aber auch Auszüge aus Opern und Operetten anbietet. Tonträger und Kassetten wirken im Vergleich zu lebendiger Musik oft kühl und unpersönlich. Bei nichtkonfessionellen Trauerfeiern können die Bestattungsunternehmen auch einen Trauerredner engagieren, der die wesentlichen Punkte aus dem Leben des Verstorbenen erzählt.

Was soll ich anziehen?

Das ist eine Frage, die im Leben einer Frau eine nicht unwichtige Rolle spielt. Leider ist sie auch hier am Platz. Seit wann trägt man Schwarz und, in einigen Ländern, Weiß als Farbe der Trauer? Schwarz als Trauerfarbe stammt aus dem spanischen Hofzeremoniell des sechzehnten Jahrhunderts. Im Ständestaat bestimmten die Fürsten, wie lange Trauer getragen werden mußte. Sogar die Zusatzfarben für die Halbtrauer und die Zeit der auslaufenden Trauer wurden vorgeschrieben. Wieviel weniger konventionell und natürlich leben wir dagegen heute!

In einigen Ländern gehört es überhaupt nicht mehr zum »guten Ton«, daß man als Teilnehmer an einer Beisetzung in seiner Kleidung irgendwelche Rücksicht nehmen muß, und selbst ein roter Mantel wird nicht überall als schockierend empfunden. In anderen, dem Zeremoniell und der Tradition mehr verpflichteten Gegenden ist allerdings immer noch Schwarz das ungeschriebene Gesetz. Kleinere Städte und vor allem Dörfer sind in ihren Gebräuchen mehr der Tradition zugetan als große Städte, wo die Bevölkerung bunt durcheinandergewürfelt ist. Die Ansichten zu diesem Thema sind so verschieden und so sehr von der persönlichen Einstellung abhängig, daß hier jeder seine eigene Entscheidung treffen muß. Und die fällt meistens nicht schwer, denn die Trauernden wissen am besten, was für sie die angemessene Lösung ist.

Wer Beerdigungen erlebt hat, wo die Angehörigen vom Schmerz geschüttelt wurden und hemmungslos weinen mußten, der kann sehr gut verstehen, daß manche Frau sich an diesem Tag unter einem Schleier verbergen möchte. Das kann ein hilfreicher Schutz nach außen sein. Andere wiederum glauben, es sich und dem Toten schuldig zu sein, die äußeren Zeichen der Trauer möglichst wenig zu betonen. Hat man es allerdings erlebt, wie bei einer Beerdigung eine der gar nicht so weit entfernten Verwandten des Verstorbenen einen Schirm aufspannte, auf dem zu lesen war »Scheißwetter heute«, dann ist man doch geneigt zu meinen, daß diese heitere Note hier fehl am Platze war.

Wenn Kinder des Verstorbenen bei der Beerdigung anwesend sind, ist es sinnvoll, die Kleidung nicht allzu trostlos zu wählen.

Kinder...

Wenn sie nicht zu klein sind, ist es aus verschiedenen Gründen ratsam, sie zur Beerdigung mitzunehmen. Das Zusammensein mit der Mutter ist wichtig, und jede Abtrennung vom Geschehen kann auf die Kinder nachhaltig negativ wirken. Sie haben auch ein Anrecht darauf, sich vom Vater zusammen mit den anderen zu verabschieden. Ein gemeinsames Erleben dieser Stunden verbindet. Es besteht sonst die Gefahr, daß sie sich abkapseln, wenn die Mutter die Trauer zu sehr für sich abonniert.

In diesem Zusammenhang ist es auch wichtig, vorher zu überlegen, ob man sich nach der Trauerfeier oder auch am Grab den anderen Besuchern stellen will und das Händeschütteln der Freunde und Bekannten über sich ergehen läßt oder ob man mit den Kindern weggeht. Das Händeschütteln ist ein Brauch, der von vielen Betroffenen unendlich viel Kraft erfordert; und man muß eigentlich voll Bewunderung sein für die, die das durchstehen. Bei jeder Begegnung an diesem traurigen Tag, bei jedem lieben Gesicht, das vor einem auftaucht, wird der Schmerz neu aufgewühlt, weil man sogleich die Verbindung zu dem Toten sieht und der Verlust immer neue Aspekte bekommt. Kindern sollte das unbedingt erspart bleiben. Ein naher Verwandter wird sicher Verständnis haben, wenn Sie ihn vorher bitten, Sie dabei zu vertreten und die Beileidsbezeugungen entgegenzunehmen. Mit den Kindern kann man sich zurückziehen und dann vielleicht später noch einmal allein mit ihnen zurückkommen, wenn sich die Menge aufgelöst hat. Jeder Pfarrer wird Sie dabei gern begleiten, wenn er darum gebeten wird.

Der letzte Gruß

Beim Abschied am Grab besteht in vielen Gegenden die Sitte, daß man nicht nur eine Schaufel Erde auf den versenkten Sarg streut, sondern auch Blumen als letzten Gruß hinabwirft. Wenn man dafür sorgt, daß zu diesem Zweck ein Korb mit Blumen bereitsteht, werden viele Trauernde sicher dankbar danach greifen. Vielleicht hat man sich selbst ein kleines Gebinde mit seinen Lieblingsblumen besorgt, vielleicht haben die Kinder für sich einen Wiesenstrauß als Abschiedsgruß gepflückt. So kann man den persönlichen Gefühlen Ausdruck geben.

Haben Sie daran gedacht, mit einem Arbeitskollegen des Verstorbenen Kontakt aufzunehmen, falls von dieser Seite einige Worte geplant sind? Ist vielleicht ein Mitglied Ihrer Familie bereit, sich vor der Trauerfeier etwas der Gäste anzunehmen, die niemanden kennen, weil sie nicht zum engeren Kreis gehören, und die dankbar sein werden, wenn sie nicht so allein herumstehen müssen?

Die Beerdigung mit Blumen zu bereichern, ist ein schöner Brauch. Vor allem in Deutschland werden viele Kränze und Gebinde verwendet.

Ob man die Ausschmückung der Kapelle selbst bestimmen kann, ist eine Frage der Übereinkunft. In großen Städten sind die Friedhofskapellen ständig belegt und deshalb auch ausgeschmückt. Ihr Berater wird das am besten wissen. Die Kränze haben symbolische Bedeutung: Sie stellen den Siegeskranz dar, für den, der das Ziel seines Lebens erreicht hat. Zugleich symbolisieren sie mit ihrem Kreis, der weder Anfang noch Ende hat, die Ewigkeit. Viele Trauernde mögen es, wenn der Sarg ganz und gar mit Blumen bedeckt ist. Bedeutet das eine Negierung des Todes, ein Ausweichen vor dem Anblick des Gehäuses, in dem die Hülle des geliebten Menschen liegt? Oder ist es einfach eine letzte Liebestat, so wie die Blumen, die man in das Grab wirft?

Von der Geschichte des Grabes

Als die Menschen noch Nomaden waren und im Zyklus der Jahreszeiten immer wieder an die gleichen Weideplätze kamen, bestatteten sie dort ihre Toten und kennzeichneten die für sie heiligen Bezirke durch Steine oder Stecken. Kehrten sie wieder dahin zurück, dann wurden weitere Steine aufgeschichtet. Die Juden legen noch heute kleine Steine auf ihre Gräber. Diese Sitte, das Grab durch Gedenksteine kenntlich zu machen, übernahmen auch schon die Christen sehr früh. Im römischen Reich war die Beerdigung innerhalb eines Ortes durch das Zwölf-Tafel-Gesetz verboten. Man bestattete die Toten auf Privatäckern oder in den eigenen Gärten. Reichere Familien hatten Grabbauten. Der Familienvater wurde im Sarkophag beigesetzt, die anderen Familienmitglieder wurden feuerbestattet und die Urnen in sogenannten Columbarien beigesetzt. Diese Grabbauten lagen häufig an großen Ausfallstraßen, die gleichzeitig Gräberstraßen waren wie die Via Appia.

Die Christengemeinden mußten sich andere Orte suchen und fanden sie unter der Erde. In Rom war das besonders günstig, denn den Tuffstein konnte man leicht ausschneiden und an der Luft trocknen. So entstanden die Katakomben, die wir heute noch besichtigen können. In Neapel und Sizilien, wo der Stein viel härter war, wurden die Gräber in den Fels gehauen und dann mit einer Marmorplatte verschlossen. Das erinnerte an das Grab Christi. Für die ärmere Bevölkerung Roms war die christliche Religion die Verwirklichung des Glaubens, daß im Tod alle gleich sind. Während bei den Nichtchristen nur der reiche Römer sein Steingrab bekam, wurden in der christlichen Gemeinde alle Angehörigen beerdigt.

Als die christliche Religion dann zur Staatsreligion wurde, baute man über den früheren Gräbern Gebetshäuser, besonders, wenn dort Heilige oder Märtyrer beerdigt waren. Deshalb befinden sich in Italien große Kirchen und Dome oft weit außerhalb des eigentlichen alten Stadtkerns. Nördlich der Alpen baute man die Kirchen in die Mitte der Orte. Die Gräber des Adels und der Einflußreichen befanden sich in der Nähe des Altars, die der weniger

Bedeutenden und Wohlhabenden außerhalb, aber nahe der Kirche; und jenseits des Passionsweges, zur Mauer hin, fanden dann die anderen ihre letzte Ruhestätte. So entstand eine echte Gräberhierarchie. Im Mittelalter wurde es eng auf diesen Friedhöfen. Die Gräber wurden deshalb etwa alle fünf Jahre geöffnet und die Gebeine in ein Ossuarium, ein Beinhaus, verbracht.

Der Friedhof war damals kein Ort des Friedens und der Ruhe, wie man sich das heute vorstellt. Dort wartete der Schreiber auf Kundschaft, Gerichtsverhandlungen wurden abgehalten, Wäsche wurde zum Bleichen ausgelegt, und der Zimmermann, der in den engen Gassen keinen Platz hatte, schlug dort seinen Dachstuhl auf. Normalerweise waren die Gräber nicht gekennzeichnet, oder, um es modern auszudrücken, sie waren anonym. Wenn die Familie nicht das Geld für einen Sarg aufbrachte, wurde der Tote auf einem Brett aufgebahrt und mit diesem zum Friedhof getragen. Nach der Beerdigung versah man dieses Brett mit dem Namen und stellte es an die Friedhofsmauer oder an einen Feldweg. Die süddeutsche Sitte, Marterln zu setzen, kommt daher.

Nach Luther war es für die Protestanten nicht mehr wichtig, in der Kirche nahe des Heiligen beigesetzt zu werden. Die evangelischen Gemeinden legten ihre Friedhöfe außerhalb der Orte an.

Heute sind die Vorschriften über Art und Aussehen der Gräber je nach Friedhöfen verschieden. Aber es ist jedem Geschmack genug Raum gegeben, um den Grabplatz nach eigenem Ermessen zu gestalten.

Die Beerdigung

Dieser Gang ist für die nahen Angehörigen besonders schmerzlich. Er bedeutet aber gleichzeitig auch einen Meilenstein auf dem Weg in das Leben ohne den Partner und einen ersten Schritt zur Bewältigung der wartenden Aufgaben. Man nimmt im Kreis der eigenen Familie, der gemeinsamen Freunde, die nicht nur örtlich, sondern auch im übertragenen Sinn hinter einem stehen, Abschied von einem Menschen, ohne den man sich das Leben eigentlich gar nicht vorstellen kann, Abschied von einem Stückchen Ich. Wie man die Beerdigung erlebt und durchsteht, ist natürlich sehr vom gesundheitlichen Zustand der Betroffenen abhängig. Wer früher die Geburt seiner Kinder trotz aller zu erwartenden Schmerzen bewußt und ohne Betäubungsmittel erleben wollte, um mit allen Fasern seines Ich bei diesem Urerlebnis wach zu sein, der kann versuchen, auch dem Abschied vom Partner mit vollem Bewußtsein entgegenzugehen.

Oft kommen die Stärke und die Kraft von selbst, wenn man nur will. Aber ein verkrampftes Bemühen, Haltung zu bewahren, ist bestimmt keine echte Hilfe. Man sollte keine Angst vor diesem Tag haben und sich nicht mit Beruhigungsmitteln vollstopfen; doch wenn der Gedanke an eine kleine Pille in der Tasche hilft, dann ist sie da sicher nicht fehl am Platz. Appetitlosigkeit und mangelndes Interesse für alles, was einem sonst so geschmeckt hat, sind eine vollkommen natürliche Reaktion auf Schreck und Kummer. Doch die Tiefe der Trauer und Verzweiflung durch die Verweigerung jeder Mahlzeit zu zeigen, ist nicht nur ungesund, sondern auch unnatürlich und unklug. Der Hang zum Selbstmitleid ist in dieser Situation sehr verständlich, und niemand aus der engeren Umgebung wird das verurteilen. Aber man sollte doch auch in diesen schweren Stunden nicht vergessen, daß jedes bewußte Negieren von natürlichen Reaktionen, wie Schlafen, Essen, Sich-Pflegen und auch an etwas Freude und Interesse zeigen zu können, nur ein Signal an die Umwelt ist: »Sorgt Euch um mich, ich möchte jetzt das Zentrum eurer Ängste sein!«
Nehmen Sie sich nichts vor! Geben Sie sich so, wie es Ihnen ums Herz ist! Seien Sie Sie selbst und vertrauen Sie darauf, daß der Verstorbene Ihnen helfen wird, diesen äußerlichen Abschied durchzustehen. Wer dem Geschehen begegnet, so wie es ist, wird am ehesten beginnen, den Verlust zu verarbeiten und in sein Leben einzubeziehen.

Es ist eine alte Weisheit, daß man nie über etwas urteilen soll, was man nicht selbst mitgemacht hat. Das trifft vor allem auf Beerdigungen zu, bei denen man der direkte Leidtragende ist. Von außen sieht immer alles ganz anders aus. Beileidsbezeugungen, Kondolenzbriefe und Kaffee-Einladungen nach der Trauerfeier kann man leicht als oberflächliche und völlig überflüssige, vielleicht sogar peinliche Gepflogenheiten abtun. Aber haben Sie einmal darüber nachgedacht, wie es ist, wenn man an einem solchen Tag plötzlich allein nach Hause kommt, in eine leere Wohnung? Da ist jeder Brief ein Trost, jeder Blumenstrauß ein bunter Farbtupfer und jede Suppe oder Kuchenplatte ein Beweis, daß man nicht ganz verlassen ist. Und selbst beim üblichen Treffen nach der Beerdigung, wo sicher einige Bekannte zusammenstehen und sich über ganz abwegige Themen unterhalten, selbst da ist eine Ablenkung wohltuend. Das ist, als ob man an der Hand genommen und von einer Grenzsituation zurück in den Alltag mit all seinen Kleinlichkeiten geführt wird. Und das ist nötig und tut gut.

Die schmerzhaften Bilder der Beerdigung haben sich so tief eingeprägt, daß sie von diesen Äußerlichkeiten nicht berührt werden. Dadurch, daß man Zeuge war, wie der Sarg der Erde übergeben wurde, vollzog sich etwas Endgültiges. Die körperliche Hülle des Verstorbenen wird der Vergangenheit zugeordnet, der Partner ist nicht mehr greifbar und die Betroffene muß lernen, von seiner Person und von seinem Leben in der Vergangenheit zu sprechen. Das ändert aber nichts an der Erinnerung, die nun den Platz des gemeinsamen Erlebens einnimmt und mit der Zeit sehr langsam Trost und wirksame Hilfe bringt: Denn tot sind nur die, die keinen Platz in unserem Herzen haben.

Benachrichtigung und Kündigung *nach* der Beerdigung

Wofür?	Wen/Wem?	Wann?
Sterbevierteljahr (Rente für die ersten 3 Monate)	gesetzliche Rentenversicherung, z. B. LVA, BfA	War Ehemann Rentner, innerhalb von 20 Tagen beantragen, sonst sehr bald
Hinterbliebenenrente (Witwen- und Waisenrente)	gesetzliche Rentenversicherung, z. B. LVA, BfA	unverzüglich
Krankenversicherungsschutz des Rentenberechtigten, KVdR	gesetzliche Krankenkasse, z. B. DAK, AOK	geschieht automatisch bei der Beantragung der Hinterbliebenenrente
Lebensversicherung	Versicherungsgesellschaft	umgehend
Erbschein	zuständiges Nachlaßgericht oder Notar	bald
Erbschaftsteuer	Finanzamt	innerhalb von drei Monaten nach Kenntnis der Erbschaft
Versicherung, z. B. Hausrat	Versicherungsgesellschaft	bald
Bankkonto, Banksafe	Kreditinstitute	möglichst bald
Wohnung	Vermieter	bald
Wasser, Gas, Elektrizität	Vertragspartner, z. B. Stadtwerke	bald
Telefon	Telekom, Fernmeldeamt	bald
Kreditkarte	Kreditkartenfirma oder Bank	bald

Unterlagen	Wichtig
Sterbeurkunde, Versicherungsunterlagen, Personenstanddaten. War Ehemann Rentner, letzter Rentenbescheid	War Ehemann Rentner, kann Beerdigungsinstitut o. Witwe die Zahlung auf dem Postamt beantragen. Alle anderen bei der Beantragung der Hinterbliebenenrente
Sterbeurkunde, Versicherungsunterlagen, Personenstanddaten. Geburtsurkunden für die Waisenrente	**Rente muß selbst beantragt werden!** Kontonummer für die Überweisung nicht vergessen
Unterlagen wie für die Hinterbliebenenrente	Versicherungsschutz setzt erst bei Beantragung der Hinterbliebenenrente ein
Sterbeurkunde, Versicherungsschein	Besonders bei hohen Summen sehr bald benachrichtigen, damit Versicherung sich darauf einstellen kann
Sterbeurkunde, Personenstanddaten; wenn Testament vorhanden, dieses	Existiert ein notarielles Testament, ist kein Erbschein nötig
Bei der Steuerbehörde erkundigen	Liegt ein eröffnetes Testament vor und ist man darin erwähnt, braucht man sich nicht zu melden
Evtl. Sterbeurkunde	Bei Korrespondenz Versicherungsnummer nicht vergessen
Evtl. Sterbeurkunde, Vollmacht oder Erblegitimation	Evtl. neues Konto für die Rentenzahlung eröffnen
Bei Kündigung und Umschreibungen Sterbeurkunde	Kündigungsfristen nachschauen, Kündigung per Einschreiben schicken
Telefonisch mit Angabe des Kassenzeichens	
Bei Ummeldung gelbes Formblatt ausfüllen, bei Kündigung formloses Schreiben mit genauem Datum	Evtl. Einzugsermächtigung rückgängig machen
Schriftlich benachrichtigen, evtl. mit Fax. Karte zerstören oder zerschnitten zurückschicken	

Was der Freundeskreis nicht weiß

»Die Abschiebung der Hinterbliebenen hat in aller Stille stattgefunden...«, ein bitterer Satz. Ich habe ihn als Kind gehört, als eine Freundin meiner Mutter bei uns zu Besuch war. Ein Besuch, der uns Kindern immer Spaß machte, weil diese Freundin ständig gute Laune um sich verbreitete und das Haus mit Lachen erfüllte. Aber eines Tages erschien sie in schwarzen Kleidern und war mir unheimlich. Sie fegte nicht wie sonst fröhlich herein, sondern sie erschien wie eine dunkle, von irgendeinem Geheimnis umwitterte Gestalt. Mir, dem Kind, hatte niemand erzählt, daß ihr Mann gestorben war. Als ich an der Tür lauschte, um herauszufinden, weshalb sie sich so plötzlich verändert hatte, da hörte ich diesen Satz. Er regte meine Phantasie an. Ich trug ihn jahrelang mit mir herum, ohne ihn zu verstehen, und konnte ihn wahrscheinlich gerade deshalb nicht wieder vergessen. Ob meine Mutter, die in ungetrübter Ehe leben durfte, damals den Sinn dieser Äußerung begriffen hatte, ob sie die Bedeutung dieses einen hingeworfenen Satzes gleich erfaßt hatte?

Eine Witwe... was ist das?

Aus dem Max-und-Moritz-Buch ist uns die Gestalt der Witwe Bolte wohlvertraut. Sie hört in ihrer Kammer diesen Jammer und steigt in den Keller, um das Sauerkraut zu holen: Das sind keine sehr attraktiven Gedanken, und auch vom Äußeren her ist sie mit ihrem über der Stirn geknoteten Kopftuch nicht unbedingt eine reizvolle Gestalt. Aus den Erzählungen in der Familie kennen wir die Witwe, die täglich treu und brav zum Friedhof pilgerte und das Gießkännchen wie ein Symbol der Liebe schwenkte. Auf der Bank am Ende der Gräberreihe traf sie ihre Leidensgenossin und Freundin, die Kommerzienratswitwe, und gemeinsam erinnerten sie sich an früher und lamentierten über die Härte des Lebens. Dabei schenkten sie sich gegenseitig das Mitgefühl, das die Welt ihnen versagte, und gingen nach einem guten Schwätzchen wieder getröstet nach Hause.

Was können wir hier herauslesen, wenn wir aufmerksam sind? Zwei liebenswerte alte Frauen, durchaus der Zukunft zugewandt, werden von der Umwelt auf das Abstellgleis des Lebens plaziert. Das Abstellgleis: Wer kennt nicht den Ton in der Familie, wenn von einer verwitweten Tante gesprochen wird, zu der man nett sein muß, weil sie doch so ein hartes Schicksal traf. Und das vernichtende Urteil, das voller Mitleid gesprochen werden kann, gipfelt in der Feststellung »... und dabei ist sie doch so tapfer!« Machen wir uns nichts vor, es gibt einen tieferen Grund, weshalb man allein beim Wort »Witwe« einen Vorbehalt in sich spürt und innerlich ein bißchen abrückt. Wer möchte heute offiziell als Witwe bezeichnet werden?

Wenn man beim Ausfüllen von Formularen bei der Frage nach dem Familienstand nun plötzlich statt »verh.« »verwitw.« einsetzen muß, dann empfindet man eine innere Abwehr. Früher war das ein sehr ehrenwerter Stand, der aber wie ein Stempel die Verhaltensweise prägte. Heute hingegen ist jegliches Standesdenken verpönt und gilt als altmodisch. Witwen nennen sich deshalb heute mit Vorliebe »Singles«, denn mit dieser Gruppenbezeichnung ist nur eine indirekte Bezeichnung verbunden. Man könnte die Ehe grundsätzlich abgelehnt haben, man könnte geschieden oder auch verwitwet sein oder sich gerade von einem Freund räumlich getrennt haben, auf jeden Fall ist mit dieser Bezeichnung keine bestimmte Verhaltensnorm verbunden.

Die Entwicklung des Wortes Witwe geht auf das althochdeutsche »wituwa« (die [ihres Mannes] Beraubte) zurück, und dem Wortstamm folgend findet man im Indogermanischen ähnlich klingende Bildungen. Interessanter als die Wortentwicklung aber ist der ursprüngliche Bedeutungsinhalt. Im Lateinischen ist »viduus« ledig, vereinsamt, wobei zu beachten ist, daß die ursprüngliche Bedeutung von ledig nicht unverheiratet meinte, sondern leer, ledig aller möglichen Vorteile. Das erschließbare indogermanische Wort für Witwe scheint eine alte Bildung zu einer indogermanischen Wurzel mit der Bedeutung »leer werden, Mangel haben« zu sein, und im Lateinischen »dividere« steckt die Bedeutung »trennen«. Ist es nun noch verwunderlich, wenn in uns eine Scheu vor diesem Wort besteht und wir uns instinktiv wehren, in diese Gruppe der »Beraubten« und »Getrennten« eingeordnet zu werden?

Heute ist die Witwe keine düstere Gestalt mehr, in deren Gegenwart die anderen verstummen und ihre Heiterkeit kontrollieren. Dennoch ist manchmal eine Reaktion zu spüren, als sei man Träger einer ansteckenden Krankheit. Davon ahnt niemand etwas im Freundeskreis.

Eine Frau, die ihren Partner durch den Tod verlor, ist ohne ihr eigenes Zutun in einen Stand, einen Zustand versetzt worden, der sie von der Welt der anderen, in deren Mitte sie bisher gelebt hat, abgrenzt. War sie verheiratet, trägt sie zwar weiter den Namen ihres Mannes, weil das in Deutschland gesetzlich so geregelt und üblich ist, aber auch das ist nicht überall eine Selbstverständlichkeit. In Belgien zum Beispiel, wo in allen offiziellen Papieren und Instanzen auch die verheiratete Frau weiter ihren Mädchennamen führt, ist sie offiziell die »Ehefrau des Herrn X«. So steht in Todesanzeigen von verheirateten Frauen zuerst ihr Mädchenname und dann in der Zeile darunter der Zusatz »Ehefrau« oder »Witwe des Herrn X«. Ob dieser Namensgebrauch irgendeinen Einfluß auf das Selbstverständnis einer alleingebliebenen Frau hat, können Psychologen beurteilen, uns bleibt allein die Frage, wie es um die Identität einer zur Witwe gewordenen Frau steht.

Die Trennung von der Umwelt, der große Abstand, der durch den Tod des Partners entstand, ist nicht zu leugnen. Bei näherer Betrachtung dieser Tatsache müssen wir zwei Aspekte unterscheiden:

Wie sieht der Freundeskreis die Witwe, und wie empfindet sie selbst die Beziehungen zu diesem Umfeld?

»Du wirst in Situationen kommen, von denen sich keiner, der es selbst nicht erlebte, etwas träumen läßt!« sagte eine ältere Freundin, die durch all diese Stadien der Witwenschaft hindurchgegangen war. »Und niemand, dem Du davon erzählst, wird es für möglich halten und Dir glauben. Darum behalte es besser für Dich. Erzählst Du es aber anderen Frauen, die auch verwitwet sind, dann stößt Du sofort

auf heftige Zustimmung. Beinahe erleichtert werden sie Dir alle von eigenen ähnlichen Erfahrungen berichten und je nach ihrer Art und der Weise, wie sie solche Erlebnisse verarbeitet haben, spöttisch oder verbittert ihre Geschichten vor Dir ausbreiten. Was Du als unglaubliche eigene Erlebnisse ansahst, wird plötzlich zum allgemeinen Tatbestand.«

Was ist hier gemeint? Lassen Sie uns ein paar Fälle aufzählen: Freunde geben eine Einladung und würden die verwitwete Freundin auch gern dazu einladen. Aber da ist doch schon die geschiedene Cornelie am Tisch zu plazieren, außerdem kam gerade die Schwester der Gastgeberin für ein paar Tage angereist, und so hört sie denn am Telefon den liebgemeinten Hinweis: »Ach weißt Du, es ist zu blöd, wir hätten Dich so gern dabei, aber wir haben schon zwei weibliche Wesen ohne Männer, und woher sollen wir dann noch einen Tischherrn für Dich zaubern? Wir möchten doch auch gern, daß Dir der Abend Spaß macht. Tut mir ja so leid...« – und das tut es ihr auch bestimmt. Diejenigen Freunde, die so offenherzig aussprechen, wo ihr Problem liegt, sind sogar meist noch die ehrlichsten und besten. Die anderen melden sich gar nicht erst, schweigen und lassen die Betreffende selbst merken, daß sie nicht eingeladen wurde. Aber zum Kaffeetrinken am Nachmittag, da darf sie immer dabeisein!

Manchmal rafft sich dann die Witwe auf und lädt selbst zu sich ein. Aber sie beginnt schon zu schlucken, wenn sie daran denkt, daß sie alle Vorbereitungen allein treffen muß. Das hat sie wahrscheinlich früher auch getan, aber die Vorzeichen waren anders. Sie ergreift die Initiative und ruft nach und nach ihre Freunde an, um sie zu sich zu bitten. Wer Takt hat, wird sie nicht gleich mit der Frage überfallen: »Wer kommt denn noch?« Aber wie oft muß man als Witwe die Antwort hören, daß man ja sehr gern käme, und gerade jetzt vor allem, aber der Partner hat beruflich im Augenblick so entsetzlich viel zu tun, und darauf müsse man ja schließlich Rücksicht nehmen:

»Ach weißt Du, dann komme ich lieber mal alleine in Ruhe zu Dir, dann können wir uns so richtig alles von der Seele reden und sind unter uns. Oder noch besser, damit Du keine Arbeit hast und mal

rauskommst, ich rufe Dich an, wenn Bogumil abends nicht da ist.
Dann kommst Du gemütlich zu mir.«

Das ist sicherlich gut gemeint, aber die sich an den Strohhalm der
Außenwelt klammernde Witwe kann das Wort »gemütlich«
schon gar nicht mehr hören, und die liebevolle Idee der Einladung von Frau zu Frau, damit man mal »rauskomme«, ist wie
eine Ohrfeige für sie. Ähnlich verhält es sich mit den Einladungen zum Nachmittagskaffee oder zu gemeinsamen Treffen, wenn
der Mann der betreffenden Freundin auf Reisen ist.

Einladungen – ein zweischneidiges Schwert

Auch die folgenden Beispiele der Nächsten- bzw. Witwenliebe
zeigen, wie unsensibel mit dem Stand der Witwenschaft oft um-
gegangen wird. Auch hier ist oft nicht Mangel an Wertschätzung
oder Zuneigung die Ursache von taktlosen Vorschlägen, wie beispielsweise: »Hör' zu...«, tönt die Stimme eines Bekannten aus
dem Telephonhörer, »ich muß mal wieder für zwei Tage zu Be-
sprechungen nach Berlin. Und wenn ich Dienstag fahre, könnte
man doch den Donnerstag dranhängen und gemeinsam was
Nettes unternehmen. Du mußt doch mal wieder rauskommen.
Komm mit, ich besorge alles, und keiner braucht davon etwas zu
wissen.«

Dieser Gedanke muß nicht unbedingt einen Hintergedanken be-
inhalten und von einem Mangel an Achtung zeugen, aber was aus
diesem Vorschlag zu einer kleinen heimlichen Reise an unheim-
lichen Kränkungen entstehen kann, ist dem »Spender dieses Aus-
flugs« wahrscheinlich nicht bewußt! Wenn s i e kein Spielverder-
ber ist und wirklich mitfährt, dann wird er von ihr ein fröhliches
Gesicht erwarten, eine glückliche, dankbare Begleiterin außerhalb seiner Termine und schließlich eine verständige Zuhörerin.
Die Krönung eines solchen Unternehmens erfährt sie in der
Rolle der ideenreichen Beraterin beim Einkauf eines besonders
hübschen Mitbringsels für die zu Hause wartende Ehefrau und
von lustigen Päckchen für die lieben Kleinen!
Wenn einem das zum erstenmal passiert, empfindet man es als
Zumutung, ist tief verletzt und fühlt sich in seiner Würde getrof-

fen. Aber es passiert nicht nur einmal, und auch nicht nur bei Männern, deren Frauen man nie begegnete, oh nein, auf solche Gedanken der Hilfestellung kommen die erstaunlichsten Kavaliere. Sollte man ihnen deshalb die Freundschaft kündigen, sich tief gekränkt in sein Schneckenhaus zurückziehen und grollen, oder sogar böse Rachepläne hegen nach dem Motto: »Wenn das seine Frau wüßte...«? Wozu? Man tut sich selbst Gutes, wenn man innerlich gelassen reagiert und versucht, sich am Gedanken zu erbauen, daß man doch immerhin attraktiv genug ist, – und das braucht sich nicht auf das Äußere zu beziehen –, um gern von anderen eingeladen zu werden. Langweiligen, geschwätzigen und schlampig daherkommenden Witwen werden solche Vorschläge schließlich nicht unterbreitet. Daß man solche Einladungen nicht annehmen sollte, ist die andere Seite der Medaille: Es wächst kein Glück aus Heimlichkeiten dieser Art. Irgendwann kommt der Bumerang zurück, und das Alleinsein ist dann noch härter. Wie muß das Heimkommen, das beginnende Wochenende in der eigenen Umgebung aussehen, wenn man nach einem solchen Ausflug wieder »behutsam« abgeliefert wird, in Wirklichkeit aber in die Realität des Alleinseins zurückgestoßen wird? »Du verstehst doch...«, so beginnen solch gutgemeinte Gespräche meistens, und man versteht dann wirklich sehr schnell, aber ganz anders, als die Freunde es vermuten. Doch woher sollen die es wissen?

Wer erklärt schon dem Freundeskreis, daß eine vorher selbstbewußte und kontaktfreudige Frau, die weder von Neid noch von Komplexen belastet war, plötzlich unbewußt und vor allem ungewollt zu registrieren beginnt, wenn der Nachbar abends Gäste zu sich eingeladen hat. Früher hätte sie in diesem Fall vielleicht zu ihrem Partner gesagt: »Karfunkels haben Besuch...«, und damit wäre jeglicher weiterer Gedanke oder jede weitere Äußerung zu diesem Thema auch schon erledigt gewesen. Jetzt aber geht sie niedergeschlagen durch ihre leere Wohnung. Die Frage, ob solch ein Verhalten berechtigt ist, erhebt sich hier nicht: Es ist eben so!

Am schlimmsten sind die Wochenenden

Selbst in unserer hektischen Welt befinden sich viele Familien am Wochenende noch in einem »heilen« Zustand: Die Eltern sind zu Hause, haben Zeit füreinander und versuchen, mit den Kindern etwas Gemeinsames zu machen. Wer kann ahnen, daß die Witwe in diesen Tagen jede männliche Stimme registriert? Der Lärm jedes Rasenmähers, der von einem Mann über den Rasen geschoben wird, tut ihr weh; und wenn sie sich vielleicht mit den Kindern auf den Weg macht, um der amputierten Häuslichkeit zu entfliehen, dann sieht sie mit Wehmut die vielen Autos, in denen am Sonntag meist Familien sitzen, und hinter deren Steuer meist der Mann. Geht sie allein spazieren, kommt unweigerlich die Erinnerung, wie oft sie diese Wege mit ihrem Partner gemeinsam entlangspazierte, und sie fragt sich, ob damals eigentlich auch sich umarmende Liebespaare den Weg säumten. All das tut weh. Wenn kluge Frauen, die all das erlebt haben, jüngeren Witwen den Rat geben, jede auch noch so wenig verlockende Einladung im Bekanntenkreis anzunehmen, dann wissen sie, wovon sie sprechen. Den Freunden aber sollte man raten, einmal ernsthaft den Versuch zu machen, sich unter allen möglichen Gegebenheiten vorzustellen, wie es wäre, wenn ihr Lebenspartner nicht mehr als Begleiter da wäre. Es ist nur natürlich, daß das für Nichtbetroffene unvorstellbar ist, aber sie können sich so vielleicht ein Fünkchen besser in diese Situation hineinversetzen.

Allein ausgehen fällt anfangs schwer

Niemand kann ahnen, wie schwer es der plötzlich alleinstehenden Frau fällt, allein auszugehen. Es fehlt der Partner, mit dem man hinfährt, mit dem zusammen man vor der Tür steht und klingelt und den Raum betritt, wo sich vielleicht schon andere Gäste unterhalten und die Neuankömmlinge neugierig beobachten. Tritt die Witwe ein, dann stockt manchmal das Gespräch; ungewollt sind alle betreten; sie meinen es gut, wenn sie ihr liebevolles Gesicht aufsetzen – »Seelenblick« nannte das eine Betroffene. Die frühere Gelassenheit und Selbstverständlichkeit des Umgangs miteinander scheinen gestört. Man meint es doch so gut und wirkt dabei unnatürlich. Warum fällt es uns nur so schwer, den Schicksalsschlag, der den anderen traf, in unser eigenes Leben so einzuordnen, wie es den Lebensgesetzen entspricht? Natürlich, und zu uns gehörend, wie eine Kugel, die nur zufällig an uns vorüberschoß und jemand anderen traf. Warum ist das Unglück, das andere trifft, so schwer in unsere Alltagserfahrung einzugliedern? Die junge Witwe, wobei dieser Ausdruck auf den Beginn ihres Lebens ohne Partner zu verstehen ist und nicht auf ihr Lebensalter zielt, die junge Witwe also sollte ihren festen Platz in der Gemeinschaft und in der Ordnung des Gemeinwesens haben. Dies gäbe ihr eine Art Geborgenheit. Jede Negierung ihres ungewollten, aber doch unausweichlichen Status' ist Vogel-Strauß-Politik. Die Mitwelt steckt den Kopf in den Sand und versucht so, den Tod und seine Folgen abzudämpfen. Man ist sich dessen eigentlich gar nicht bewußt und glaubt, dies geschehe aus Rücksicht. In unserer Gesellschaft verlangt man zuviel von der plötzlich alleingelassenen Frau. Man erwartet, daß sie sich zusammennimmt und nicht als Störfaktor wirkt. Die Betroffene fühlt das und zieht sich immer mehr zurück.

Man meint es gut mit ihr, wenn man ihr versichert, daß das Leben weitergeht. Das weiß sie auch selbst, aber ihr bisheriges Leben geht eben nicht weiter! Und kaum jemand aus dem Freundeskreis ahnt, wie hart das ist, und wo das Alleinsein überall zuschlägt und die Betroffene überfällt.

Zustimmend nicken viele verwitwete Frauen, wenn man ihnen erzählt, daß man als ebenfalls Betroffene in der ersten Zeit nicht nur einmal vor der Tür der Freunde umgekehrt ist, weil man sich einfach nicht überwinden konnte, zu ihnen hineinzugehen. Später erfindet man dann am Telefon fadenscheinige Ausreden und hört schon in Gedanken das vorschnelle Urteil der anderen: »Du mußt aber auch selbst etwas dazutun, um herauszukommen!«

Im Grund stimmt das, aber wer das sagt, spricht meist wie der Blinde von der Farbe. Wer weiß schon, wie das Nachhausekommen an so einem Abend ist? Früher stand man hinterher vielleicht Zähne putzend nebeneinander im Bad und machte durch all den Zahnpastaschaum im Mund hindurch seine Bemerkungen über den Abend. Man verfaßte zusammen die Manöverkritik, fand den Abend schön oder langweilig, aber man war sich einig. Jetzt ist man allein, niemand hört zu, kein Gute-Nacht-

Kuß, nur ein müdes Gesicht im Spiegel. Da fehlt bloß noch der Gedanke an all die anderen Gäste, die jetzt zu zweit zu Hause sind! Spätestens dann brechen Verzweiflung und Traurigkeit aus. So kann ein liebevoll gemeinter Abend am Ende wie ein Faustschlag wirken und den restlichen Mut zu ähnlichen Unternehmungen erst einmal lahmlegen. Alles, was man nach dem Tod des Partners erstmalig wieder allein tun muß, ist eine erneute Konfrontation mit der veränderten Situation: jede Begegnung mit Freunden, die man zuletzt gemeinsam getroffen hatte, jeder Besuch einer Kneipe, einer Straße, einer Stadt...; überall überfällt einen die Erinnerung an damals, an gestern, an vorgestern. Die Pause im Theater oder Konzert, das man nun allein besucht, dauert plötzlich eine Ewigkeit, man muß sich selbst am Buffet nach vorn kämpfen, um wenigstens ein Glas zu ergattern, an dem man sich festhalten kann, wenn man mit möglichst heiterer Miene am Rande steht und nach Bekannten Ausschau hält.

Auch für die Kinder hat sich alles verändert

Die Witwe spürt ganz genau, wie sie vorübergehend im Blickpunkt aller steht. Nachträglich wird ihre Ehe begutachtet, ihr Zusammenleben mit dem Partner unter die Lupe genommen, nachträglich wird sein Berufsleben zensiert, Gründe für Krankheiten ausgekramt und öffentlich darüber nachgedacht, ob sie wohl fähig ist, ihren Kindern den Vater zu ersetzen. Wie sollte sie? Nicht nur ihr eigenes, auch das Leben mit den Kindern nimmt eine ganz andere Wendung. Stellen Sie sich doch einmal die gemeinsamen Mahlzeiten vor! Da gab es immer zwei Gesprächsebenen, das von den Kindern bestimmte Thema und das der Eltern. Nun sitzt die Mutter ohne den Partner mit den Kindern beim Essen, deren Interessen ausschließlich das Feld bestimmen. Wohin soll sie mit ihren Erlebnissen? Vielleicht hat sie kurz zuvor eine Bitte abgeschlagen, ein Verbot ausgesprochen, nun wird sie bestürmt und beschimpft. Kein Mann ist da, der ihr hilft, kein Vater, der den Entscheidungen der Mutter beipflichtet und ihr noch zusätzliche Autorität verleiht. Sie hat sich allein durchzusetzen und schwankt doch ständig, ob sie alles richtig macht.

Auch für die Kinder hat sich alles verändert: Keine Reisen mehr mit Vater und Mutter, niemand baut Mutters Geburtstagstisch auf und hat gute Vorschläge für Geschenke. Kein Vater, der am Rand des Sportplatzes steht und seinem Sprößling den Daumen drückt, was so ein gutes Polster für die Sicherheit im Mannschaftsspiel gibt.

Unvergessen ist der Ausbruch der zwölfjährigen Tochter, deren Vater plötzlich verstorbenen war: »Jetzt streicheln sie mir alle so blöd über den Kopf und gucken mich mit Rehaugen an. Sie sollen mich in Ruhe lassen oder mit mir in den Zirkus auf dem Feld hinter der Schule gehen.«

Wenn Freunde diese Dinge bedenken, können sie der verwaisten Familie sehr viel Unterstützung geben. Vor allem die männlichen Freunde sind hier wichtig, denn sie können ab und zu ersatzweise die Vaterrolle übernehmen. Großeltern können eine wunderbare Hilfe sein, aber ihre vielen guten Ratschläge, ihre Bedenken, wie das nun ohne Vater weitergehen soll, sind manchmal schwer zu ertragen. Schließlich stehen ja auch sie im Lager der Betroffenen und trauern.

Gutgemeinte Ratschläge

Sie kommen von allen Seiten, gefragt und ungefragt. Wenn sie dann nicht befolgt werden, sind manche Freunde fast beleidigt. Sie haben sich solche Mühe gegeben, sie haben vielleicht sogar Zeit geopfert, und nun wird doch nicht so gehandelt, wie man es ihr vorgeschlagen hat. Ja, dann...!

Niemand versetzt sich in die Situation der alleinstehenden Frau, auf die solche Ratschläge herniederprasseln wie ein Schauerregen und die sie oft mehr verwirren, als daß sie ihr helfen. Den Freunden, die sich im gesicherten Hafen befinden, scheinen die Reaktionen der Betroffenen oft unbegreiflich und vielleicht auch undankbar. Sie sollten – bildlich gesprochen – versuchen, sich vorzustellen, daß diese Frau im tobenden Meer der Gefühle herumpaddelt, wo die Wogen so hoch schlagen, daß sie nicht mehr darüber hinweg in die Weite sehen kann. Natürlich tun Beschäftigungstherapien jeder Trauernden gut, und hilfreiche Vorschläge oder gar eine Arbeitsvermittlung, falls die Betroffene vorher hauptberuflich Mutter und Hausfrau war, können eine große Hilfe sein. Man sollte es aber in diesem Fall der Betroffenen überlassen, ob sie überhaupt arbeiten gehen will, ob sie den Mut und die Kraft hat, sich in der ersten Zeit nach dem Tod ihres Partners diesem Einsatz zu stellen. Man beurteilt ihr Zögern dann leicht vorschnell und ungerecht, weil man von normalen Voraussetzungen ausgeht. Und die sind nun einmal nicht gegeben! Von einer Frau in dieser Situation kann man nicht erwarten, daß sie klipp und klar sagt: »Ich will mich momentan nicht festlegen!« Den Mut dazu hat sie nicht, denn sie weiß, wie sehr sie kritisiert und wie wenig sie verstanden werden würde. Sie weiß eben nicht, was sie will. Aber ist sie undankbar, wenn sie aus Unentschlossenheit und Verzagtheit viele Ratschläge in den Wind schlägt?

Der Status der alleinstehenden Frau hat Konsequenzen

Es wird nicht gern zugegeben und niemand möchte es wahrhaben, aber die alleinstehende Frau spürt es: Sie ist in den Augen vieler Frauen zur Konkurrenz geworden. Selbst im Freundeskreis bekommt sie das zu spüren. Die Vorstellung, daß eine nach guter Ehe zur Witwe gewordene Frau oder nach harmonischer Lebensgemeinschaft allein zurückgebliebene Gefährtin vor allem einen Partner für sexuelle Beziehungen vermisse, ist weitverbreitet, zeugt aber von wenig Ahnung um das Innenleben der Betroffenen in einer solchen Situation.

Wie viele Witwen können ein Liedchen davon singen, wie man in ihnen plötzlich gefährliche Nebenbuhlerinnen und sie deshalb lieber aus der Ferne sieht! Wie sie beobachtet werden und ihnen auf Schritt und Tritt argwöhnische oder bestenfalls neugierige Augen folgen! Wie schnell man zu voreiligen Urteilen bereit ist, und das Geschwätz blüht!

Aber, werden Sie fragen, warum geschieht es dann doch relativ oft, daß diese Frauen recht bald nach dem Tod ihres Partners mit einem Begleiter auftauchen? Er kann ein »Kümmerer« sein, der sie ausführt und mit ihr etwas unternimmt. Die eifrigen Kommentare übertreffen sich, wie man sich doch für sie freue. Aber wehe, diese Neuentdeckung ist attraktiv und hat besondere männliche Vorzüge! Dann wird Kritik laut, allerdings leise geäußert, dann werden Vermutungen ausgetauscht, und man ist vor allem verwundert. Zeitmaßstäbe werden angelegt wie Meßlatten für die Echtheit der Trauer, und selbst wer sonst mit großen Worten der Ermunterung Zuspruch austeilte, meldet heimlich seine Bedenken an: »Ist das nicht noch ein bißchen früh?«

Wer allerdings Verständnis für die Gemütsschwankungen einer Witwe hat, wer etwas ahnt von den Wechselbädern ihrer Stimmungen, der hält sich mit seinem Urteil zurück und denkt daran, daß man am besten helfen kann, indem man zusieht und vor allem zuhört, falls man zum vertrauenswürdigen Gesprächspartner erkoren wird. Mit jedem vorschnellen Urteil kann man verletzen und Bande irreparabel zerstören.

Das sollten Freunde wissen

Eine Witwe ist unberechenbar!

Mal kommt sie vergnügt daher, ihre Umwelt atmet auf, wie sie das »toll macht«, mal sieht sie jammervoll aus und beklagt sich über die Welt. Damit bewirkt sie bei ihren Freunden oft Schuldgefühle, weil die doch so gern helfen möchten, jedoch nicht wissen wie; und sie erntet auch gleichzeitig Kritik. Diese Aprilschauer im Verhalten kann ein Außenstehender schlecht verstehen. Ein fröhlicher Abend im alten Kreis kann sie einmal ungemein aufheitern und das nächste Mal deprimieren. Sie kann es selbst nicht voraussehen, wie ihre Verfassung sein wird. Das gilt auch für die Tränen, die plötzlich in die Augen schießen, ohne akuten Grund, völlig unerwartet.

Menschen, vor allem Freunde, die in behüteter Zweisamkeit leben, sollten sich darüber im klaren sein, daß ihnen selbst bei allerbester Absicht das echte Verständnis für die Situation, in der sich ihre Freundin im ersten Jahr des Alleinseins befindet, fehlt und daß sie sich unmöglich in diese Lage hineindenken können. Der Verstand schafft es vielleicht, aber das Gefühl läßt sich nicht lenken, und beides braucht man, um diese Situation nachzuvollziehen. Sie ist zu vielschichtig und unberechenbar. Es kann passieren, daß jemand, der sogar zum engeren Freundeskreis der Witwe gehört, vor deren schroffer Reaktion erschrickt und betroffen zurückweicht. Das kann echte Kränkungen hervorrufen. Zum Beispiel die unbegreifliche Reaktion einer kurz zuvor verwitweten Frau: Sie schickte als Antwort auf den ersten Brief ihrer besten Freundin, der wirklich von Herzen kommend geschrieben war, nur einen gedruckten Dank und darunter schrieb sie »...im übrigen schreibt man todtraurig mit einem d und nicht mit einem t wie tot«. Es wäre nur allzu verständlich gewesen, wenn die so Korrigierte sich daraufhin gekränkt zurückgezogen und gedacht hätte: »Wenn sie keine anderen Sorgen hat als solche, dann kann es ja so schlimm nicht sein«. Aber nein, sie reagierte klüger, griff wütend zum Telephon und fragte ihre Freundin, was ihr eigentlich einfalle. Und wie simpel war die Erklärung: Sie hatte die vielen Briefe der »erschütterten« Bekannten plötzlich nicht mehr ertragen können, und die Orthographiefehler in den Beileidsbriefen waren ihr Anker, um Distanz zu gewinnen. Zudem hatte ihre Haushaltshilfe, die seit Jahren einmal in der Woche zum Putzen kam, ihr – gerade als sie das Antwortschreiben vorbereitete – erzählt, daß die netten Nachbarn von nebenan gefragt hätten, ob sie nicht in Zukunft bei ihnen arbeiten könne, denn bei Frau X sei doch nun sicher nicht mehr viel zu tun! Daraufhin war ein Ventil geplatzt.

Wer solche Situationen nicht in Betracht zieht, kann vieles nicht verstehen.

Keine alleinstehende Frau möchte mit Samthandschuhen angefaßt werden. Ein offenes Wort zur rechten Zeit tut Wunder. Freunde sollten sich rechtzeitig rühren, wenn sie sich schlecht behandelt fühlen; so zeigen sie mehr Interesse und Anteilnahme, als wenn sie sich beleidigt zurückziehen. Aus einer natürlichen Abwehrreaktion gegen all das Mitleid um sie herum kann eine alleingelassene Frau plötzlich mit unglaublicher Schärfe antworten. Das sind Momente, die vorübergehen und denen dann meist Verzweiflung folgt. Freunde achten darauf und helfen ihr.

Es gibt zwei extreme Möglichkeiten, auf den Verlust des Partners zu reagieren: Flucht oder Bewahren.

Dazwischen liegen unendlich viele Abstufungen. Nur die Betroffene selbst kann in sich allmählich Klarheit schaffen und wird erst später wissen, was das ihr Angemessene ist. Die Probleme beginnen schon bei der Frage »Wohin mit den Kleidungsstücken des Verstorbenen?« und erstrecken sich bis zur Freundschaft mit einem anderen Mann.

Der Bekanntenkreis muß auch wissen, daß eine Frau nach dem Tod ihres Lebensgefährten plötzlich nicht mehr zu offiziellen Anlässen gebeten wird, seien es nun Empfänge, Einweihungen, Vereinstreffen oder Ereignisse anderer Art.

Wie viele Einladungen und Aufforderungen flattern ins Haus, wenn man mit einem Mann verheiratet ist, der beruflich viel mit Menschen und Institutionen zu tun hat. Das hört aber mit einem Schlag auf, und selbst wenn die Frau auch berufstätig ist und nie um ihre Selbstverwirklichung bangte, beginnt sie zu begreifen, daß ein großer Teil des gesellschaftlichen Lebens nur dem männlichen Wesen galt. In der heutigen Zeit, da viele Frauen auch während der Ehe ihrem Beruf nachgehen und auch die sogenannten Nur-Hausfrauen Interessengebiete finden und sich engagieren, wird dieses Problem allmählich weniger gravierend. Es existiert aber immer noch.

Wie gut tut dann der Vorschlag aus dem Freundes- oder Bekanntenkreis zur gemeinsamen Teilnahme an einer Studienreise, Fahrradtour oder was auch immer. Hauptsache, es wird ein Ziel gesteckt, die Vorbereitungen werden einem abgenommen und man wird nicht allein auf den Weg geschickt. Das gilt auch für den gemeinsamen Besuch von kulturellen Veranstaltungen. Alles, was man vorher auch getan hatte, fällt allein zu Beginn sehr schwer. Und wer vorwiegend etwas in Begleitung seines Partners unternahm, muß sich langsam einen neuen Kreis für solche Gelegenheiten suchen. Wenn Freunde daran denken würden, daß man mit den Kindern des Verstorbenen ab und zu etwas unternehmen könnte; wenn sie sich ein wenig Zeit für die vaterlosen Kinder abzweigen würden und vielleicht gemeinsame Ferien geplant werden könnten, dann tun sie mehr Gutes, als ihnen bewußt ist.

Vom Unterschied zwischen einer verwitweten und einer geschiedenen Frau

Vor allem Männer stellen immer wieder die Frage, was denn so anders sei im Leben einer verwitweten Frau im Vergleich zur geschiedenen Frau. Schließlich sind doch beide allein und müssen damit fertigwerden, ihr Leben meistern und selbst Entscheidungen treffen, die ihnen früher abgenommen wurden. Wo ist da ein Unterschied?

Die geschiedene Frau ist allmählich in diese Situation hineingeraten, sie hatte Zeit, sich an den Gedanken des Alleinstehens zu gewöhnen und konnte sich vorbereiten. Zudem geht einer Ehescheidung zumeist eine Zeit der Disharmonie oder ein Kampf um eigene Belange und Rechte voraus, die einen Wunsch nach Freiheit wach werden läßt. Das stärkt das Selbstgefühl und lehrt Selbstbehauptung. Man ist bestrebt, sich den Freundeskreis zu erhalten und strengt sich dementsprechend an, etwas dafür zu tun. Die geschiedene Frau empfindet vielleicht das Ende ihrer Ehe als ein Scheitern und leidet darunter, aber die Scheidung kann für sie auch eine neugewonnene Freiheit bedeuten. Wenn auch die Schuldfrage rechtlich nicht mehr von Bedeutung ist, so beschäftigt sie doch nach wie vor das Denken der Beteiligten und setzt Energien frei, wie auch immer sie geartet sein mögen.

Was spielt sich dagegen in der Frau ab, die ihren Partner durch den Tod verlor?

Er lebt nicht mehr, man kann sich gegen nichts Greifbares, Lebendiges wehren: Da ist der Tod mit seiner absoluten Leere, und wer nicht die Hilfe irgendeines festen Glaubens kennt, fällt in ein tiefes Loch. Der Blick zurück ist voller Liebe, aber ohne Zorn. Vielleicht kommen sogar Schuldgefühle auf; auch Erinnerungen an vermeintliche Versäumnisse belasten mitunter schwer. Wenn die Verbindung nicht glücklich war und nicht innere Harmonie das Miteinander bestimmte, dann wird die Witwe mehr oder weniger bewußt einen verzweifelten Verdrängungsversuch machen, der sie zusätzlich belastet. »De mortuis nihil nisi bene (über die Toten nur Gutes zu sagen)« – diese moralische Forderung gilt auch noch in unserer Zeit. Psychologen und vor allem Psychotherapeuten wissen davon zu berichten, daß Frauen jahrelang damit zu tun hatten, ungute Erlebnisse aus der Zeit der Ehe zu verarbeiten, weil sie sich nicht eingestehen können, daß nicht alles Gold war, was glänzte.

Es gibt nach dem Tod des Partners weder getrennte Lager, die durch Zwist den Lebensnerv wach halten, noch die Harmonie der Zweisamkeit. Nicht einmal die schwache Hoffnung, daß durch eine gütige Fügung doch noch einmal alles gut werden könnte, bleibt der Witwe.

Das offizielle Bild der verwitweten Frau ist in unserer Gesellschaft ganz anders als das der geschiedenen: Die Witwe ist umwoben vom Hauch der Tragik. Trauer soll die Arme tragen, und sieht man es nicht an ihrer Kleidung, so sollte doch ihr Betragen bitteschön zeigen, daß sie eine Gezeichnete ist. Das Bild von der lustigen Witwe gehört dem Operettenrepertoire an. Der Mitwelt ist vielleicht ihr Bild von der Witwenschaft gar nicht bewußt, daher kommt auch die Frage nach dem Unterschied zwischen Geschieden- und Verwitwet-Sein. Hier wird mit verschiedenen Maßen gemessen, und die Erwartungshaltung ist unterschiedlich.

Ein junger, bei Frauen sehr erfolgreicher Springinsfeld drückte das einmal so aus: »Den geschiedenen Frauen haftet so ein Hauch von Sex und prickelnder Verworfenheit an. Die Witwen sind da viel weniger aufregend und vergleichen uns Männer immer mit ihrem Seligen, außerdem sind sie wie die Klammeräffchen, die anderen wird man eher wieder los!« Der Knabe hatte Erfahrung.

Die Treue ist der entscheidende Unterschied: Eine geschiedene Frau hat keine Verpflichtung, treu zu sein. Hier ist Treue ein leeres Wort; sie war vielleicht schon in der gescheiterten Ehe kein Thema mehr. Verhält es sich mit der Witwe genauso?

Verstandesmäßig gesteht man ihr alle Rechte zu, aber seien wir doch ehrlich, was sagt das Gefühl? Die geschiedene Frau, vor allem die verlassene, darf sich bald trösten. Man wünscht ihr, daß sie sich amüsiert und ihr Alleinsein schnell ein Ende hat.

Wie aber sieht der Trost aus, den man der Witwe wünscht? Schon die Wahl der Worte zeigt da den kleinen, feinen Unterschied: Sich trösten hat einen ganz anderen Bedeutungsinhalt als Trost finden!

Trost spenden und Trost geben läßt erhabene Gedanken anklingen, aber die Äußerung »jemanden trösten« kann – auch wenn sie ganz ernsthaft gebraucht wird – in unserer Phantasie herzhafte Gedankensprünge hervorrufen. Bei dem Satz »Sie tröstet sich« verraten die Worte vielleicht schon etwas Zweideutiges.

Überlegen Sie sich einmal selbst, in welche der verschiedenen Kategorien Sie die alleinstehenden Frauen in Ihrem Freundeskreis einstufen?

Auf altem Grund entsteht ein neues Muster

Erst wenn die Alleinstehende sich selbst nicht mehr als Witwe empfindet und sich nicht mehr als ein von der Gemeinschaft isoliertes Glied sieht, wenn sie den Gedanken an das Verwitwetsein nicht mehr wie eine Aura um sich verbreitet, erst dann beginnt eine neue Freiheit, nicht im Sinn von Ungebundenheit, sondern ein Ja-Sagen zur neuen Existenz.

Die Mitwelt beginnt, die Betroffene nicht mehr nur als Gefährtin des Verstorbenen, als Trauernde und Amputierte zu sehen. Der Freundeskreis fühlt sich erlöst vom Mitleiden-Müssen. Man kann dieser Frau wieder unvoreingenommen begegnen und sie auch ohne ihren verstorbenen Partner neu in die gegenseitigen Beziehungen einordnen. Das Leben geht dann unter anderen Vorzeichen weiter. Auf altem Grund entsteht ein neues Muster. Der alte Freundeskreis wird zur Schutzhülle für die Frau, die sich neu orientieren muß und dankbar die Geborgenheit in der vertrauten Umgebung empfindet.

Es ist ein Phänomen, daß die verwitwete Frau in den ersten Monaten ihrer Trauer oft Hilfe bei Menschen findet, von denen sie es nie erwartet hätte und die ihr dadurch sehr nahe kommen, während sich altgewohnte Verbindungen lockern. Viele Frauen erzählen davon, daß in der ersten Zeit Unterstützung und Verständnis aus Quellen kam, die sich neu auftaten, während das Echo aus dem vertrauten Kreis nicht in dem Maß vorhanden war, wie es im gegebenen Moment notwendig und hilfreich gewesen wäre. Liegt das an der zu großen Nähe und vermeintlichen Vertrautheit?

Der Aufforderung, sich zu melden, wenn es ihr schlecht geht, wird keine plötzlich alleinstehende Frau folgen, denn in diesem Zustand ist sie dazu einfach nicht fähig. Viele Freunde aber erliegen der Täuschung, daß sie nicht gebraucht werden. Das äußere Erscheinungsbild gleicht nur sehr wenig dem wahren Zustand. Die alleingebliebene Frau ist unendlich verwundbar und verletzlich und versucht gleichzeitig, sich in einem Panzer von Unabhängigkeit darzustellen. Ist es da verwunderlich, wenn vor allem Menschen, denen schon das gleiche geschah, am besten verstehen und daher auch helfen können?

10 Gebote für den Freundeskreis

- Melden Sie sich viel öfter als sonst und warten Sie nicht auf Hilferufe!
- Achten Sie auf die kleinen Signale!
- Nie sagen: »Ruf mich an, wenn es Dir schlecht geht«!
- Laden Sie nicht lediglich zum gemütlichen Nachmittagskaffee oder zum intimen Abend »nur unter uns Frauen« ein!
- Organisieren Sie bei Einladungen und bei gemeinsamen Unternehmungen das Abholen und Heimbringen im voraus und achten Sie nicht auf den Einwand, daß das nicht nötig sei!
- Machen Sie handfeste Vorschläge mit sachlichen Bezügen: gezielte Reisen, Vorträge, Konzerte, Theaterbesuche, und besorgen Sie die Karten!
- Beschäftigen Sie sich mit den Kindern, die keinen Vater mehr haben.
- Lassen Sie den Verstorbenen in Ihren Gesprächen weiterleben, klammern Sie die Vergangenheit nicht aus!
- Versuchen Sie, unverständliche Stimmungen und Reaktionen zu verstehen und akzeptieren Sie sie als Gegebenes!
- Halten Sie sich zurück mit gutgemeinten Ratschlägen und seien Sie nie gekränkt, wenn die Reaktion nicht Ihren Erwartungen entspricht!

Der Weg durch die Bürokratie

Allgemeine Ratschläge

In der ersten Zeit haben viele Witwen das Gefühl, von morgens bis abends an ihnen ganz fernliegende Sachen denken zu müssen, die aber unbedingt zu erledigen sind. Rasche Entscheidungen sind zu treffen, Kündigungen oder Benachrichtigungen dürfen nicht vergessen werden, die ganze Abwicklung muß man »im Griff« haben.

Die Betroffene kann nachts nicht mehr schlafen, liegt wach und grübelt über Probleme, die immer unlösbarer werden, je länger sie sie herumwälzt. Morgens geht das Suchen, Schreiben und Telephonieren dann von vorne los. Kein Wunder, daß ihr das über den Kopf wächst!

Die Tips einer Geschäftsfrau, den ganzen Bürokratieberg wie ein »Ein-Mann-Büro« anzugehen, können auch für Sie hilfreich sein:

- Wählen Sie eine Arbeitsecke in Ihrer Wohnung, wo Sie alles liegen lassen können.
- Legen Sie sich einen neuen Ordner an und heften Sie dort die gesamte Korrespondenz mit Behörden, Versicherungen etc. alphabetisch ab.
- Machen Sie täglich einen Arbeitsplan. Überlegen Sie, was für den heutigen Tag am wichtigsten ist.
- Überprüfen Sie täglich, was Sie erledigt haben.
- Lassen Sie die Liste mit den unerledigten Vorgängen nicht zu lang werden.
- Vermeiden Sie, daß sich auf dem Schreibtisch Papierstapel bilden.
- Bedrückt Sie ein formales Problem, versuchen Sie, es so schnell wie möglich durch ein Gespräch mit einem Experten zu lösen.

- Stellen Sie drei verschiedene Ablagekörbe bereit. Einen Korb für Rechnungen, einen für unerledigte Vorgänge und den dritten für erledigte Vorgänge.
- Sammeln Sie alle Rechnungen, um sie einmal wöchentlich zu bezahlen.
- Führen Sie am Anfang genau Buch, wofür Sie Geld ausgegeben und auf welche Weise Sie bezahlen.
- Merken Sie sich den Namen des Gesprächspartners bei geschäftlichen Telephongesprächen.
- Vergessen Sie bei der Korrespondenz mit Behörden etc. nicht, die Referenznummer einzutragen, die in deren Briefkopf oben angegeben ist.
- Machen Sie eine Kopie von allen wichtigen Briefen, die Sie geschrieben haben.
- Unterschreiben Sie nie blindlings irgendwelche Verträge oder Papiere. Lesen Sie sie sehr gut durch, besonders das Kleingedruckte.
- Dokumente, wie z. B. Sterbeurkunden oder Testament, nicht lochen, besser in Klarsichthüllen aufbewahren. Es ist von Nachteil, wenn Dokumente beschädigt werden.
- Stellen Sie eine Kündigungsliste zusammen. Das können z. B. Versicherungen sein, die ausschließlich den Partner betrafen: Lebens-, Unfall-, Rechtsschutz-, Reise- und Krankenversicherung, Jagdhaftpflicht-, Bootshaftpflicht- und Kfz-Versicherung sowie Mitgliedschaft in Clubs, Gewerkschaften, Vereinen oder Verbänden, Abonnements von Zeitungen oder Zeitschriften etc.
- Beachten Sie auch bei den Kündigungen die Fristen und erkundigen Sie sich, wie sie erfolgen müssen – schriftlich, mündlich oder per Einschreiben – und welche Dokumente oder Papiere mitgeschickt werden müssen.
- Schreiben Sie die Benachrichtigungen vom Tod Ihres Mannes gewissenhaft. Benachrichtigen Sie u. a.: Arbeitgeber, Versorgungsamt, Finanzamt, Banken und die gesetzliche Rentenversicherung.

Entwurf eines Kündigungsschreibens für Versicherungspolicen:
(Per Einschreiben)

Vorname, Name   Adresse
                                                                 Ort/Datum
Name und Anschrift der jeweiligen Versicherungsgesellschaft
Versicherungsschein-Nummer ....
(Angabe, um welche Sparte es sich handelt:
Hausrat/Privat-Haftpflicht/Kfz/Unfall-Versicherung)

Sehr geehrte Damen und Herren,

Hiermit kündige ich den obengenannten Versicherungsvertrag
meines Ehemannes .... zur nächsten Fälligkeit, dem
..........................., da mein Mann am .... gestorben ist.
Ich bitte Sie um Bestätigung der Auflösung des Versicherungs-
vertrages.

Mit freundlichen Grüßen

Anlage: Sterbeurkunde

■ Müssen Verträge oder Immobilien auf Ihren Namen umge-
schrieben werden, erkundigen Sie sich nach den speziellen Er-
fordernissen, ob Fristen bei Umschreibungen gesetzt sind, und
ob Sie die Sterbeurkunde oder den Erbschein mitschicken
müssen.

■ Umschreiben muß man eventuell: Grundbucheintragungen
bei Immobilien, Versicherungen, Telefon, Wasser, Elektrizität,
Müllabfuhr, Gas, Mietvertrag, Abonnements, Kreditkarte etc.

Es gibt Menschen, die aus der Hilflosigkeit ihrer Mitmenschen
Kapital schlagen. Und das scheint sogar ein lukratives Geschäft
zu sein, sonst käme es nicht so oft vor. Manche nützen diese Zeit
der Schwäche aus und schicken fingierte Rechnungen an eine
Witwe mit der Behauptung, der Ehemann hätte dies oder jenes
noch vor seinem Tod bestellt. Wenn Ihnen das suspekt vorkommt, bitten Sie um einen Beweis, oft muß man bei einer Bestellung unterschreiben, und Sie kennen die Unterschrift Ihres
Partners.

Entwurf eines Briefes für die Umschreibung einer Immobilie:
(Per Einschreiben)

Vorname, Name   Adresse

Adresse des Grundbuchamtes   Ort/Datum
Betr.: Umschreibung des Grundstückes ....
Grundbuch vom .... Blatt ....

Sehr geehrte Damen und Herren,

Mein Ehemann .... ist am .... gestorben. Da das
obengenannte Grundstück auf seinen Namen eingetragen ist,
beantrage ich als seine Erbin die Umschreibung auf mich.

Mit freundlichen Grüßen

Anlage: Erbschein

Oft laufen in der ersten Zeit auf das Bankkonto erstaunlich hohe
Beträge ein, mit denen man gar nicht gerechnet hat. Versicherungen werden ausbezahlt, letzte Gehälter oder das »Sterbevierteljahr« wird überwiesen. Die finanzielle Verfügungsgewalt
und Selbstverantwortung bergen in einer solchen Situation ihre
Gefahren. Etwas freizügiger über Geld verfügen zu können, tut
jedem gut. Einer Frau, deren Selbstbewußtsein durch den Tod
des Partners stark angeknackst ist, kann ein Einkaufsbummel
durch Läden, die sie sonst nur von außen betrachtete, für kurze
Stunden Auftrieb geben. Hüten Sie sich in dieser Periode jedoch
davor, in einen Kaufrausch zu verfallen.

Diese Geldquellen sprudeln nicht sehr lange, und es empfiehlt
sich, erst einmal Klarheit über Ihre Finanzen zu schaffen und
genau Ihre Einkünfte und Ausgaben durchzurechnen, bevor Sie
diese Reserven angreifen.

Behörden

Fast jede Witwe glaubt anfangs, gerade ihr Schicksal sei besonders traurig und mitleiderregend; deshalb müsse jeder, dem sie begegnet, voll Mitgefühl und Hilfsbereitschaft zerfließen. Im Freundeskreis trifft das vorübergehend vielleicht auch zu. Aber viele sind umso entsetzter oder bestürzter, wenn sie bei Behörden und Dienststellen ganz nüchtern und sachlich behandelt werden. Sie haben die Vorstellung, ihr Fall müsse vorgezogen oder ganz besonders rasch bearbeitet werden, und sie sind gekränkt, wenn die Beamten von ihrem Unglück gar nicht so erschüttert sind.

Man sollte bedenken, daß solche Fälle zum Alltag der Behörden gehören. So wie wir alle abstumpfen, wenn wir wieder in der Zeitung lesen, daß zig Menschen umgekommen sind, so kann auch der Mitarbeiter einer Behörde sich nicht gefühlsmäßig für jede Person engagieren.

Beim Gang zur Behörde räumt die Beachtung folgender Punkte viele Steine aus dem Weg. Rufen Sie vorher an und erkundigen Sie sich:

- ◼ welche Papiere mitzubringen sind,
- ◼ wie die Öffnungszeiten sind,
- ◼ wo das Büro ist,
- ◼ wann der genaue Termin ist,
- ◼ wer Ihr Gesprächspartner sein wird: Notieren Sie sich dessen genauen Namen und Dienstgrad! (Die korrekte Anrede kann Berge versetzen!).

Es ist oft ratsam, zu wichtigen Gesprächen eine zweite Person mitzunehmen. Zu zweit fühlt man sich stärker, und der andere kann einem eine größere Sicherheit geben und hört meistens mehr als man selbst in solchen Augenblicken. Daß man einen Zeugen hat, kann dem Gespräch nur nützen, aber bitten Sie die begleitende Person, selbst nicht zu reden und sich nur in dringenden Fällen einzuschalten.

Ihr Gesprächspartner auf der Behörde wird sicher Verständnis dafür haben, wenn Sie ihm sagen, Sie möchten sich während des Gesprächs einige Notizen machen. Sie dürfen nicht vergessen, daß Sie sich in Ihrem »Zustand« nicht gerade auf dem Gipfel der Konzentrationsfähigkeit befinden, und auf diese Weise bleibt die Erinnerung an das Gespräch unverfälscht.

Für viele Witwen ist es das erste Mal in ihrem Leben, daß sie sich mit Ämtern, Rechtsanwälten, Notaren oder Kreditinstituten auseinandersetzen müssen, und sie fürchten, daß sie nicht energisch genug wirken. Schon offizielle Telephongespräche sind für sie ein Greuel, sie haben Angst, ihr Anliegen nicht klar vorbringen zu können. Noch unwohler fühlen sich manche, wenn sie in einem Büro einer wichtigen Person gegenübersitzen.

Machen Sie sich schon zu Hause Gedanken über die Punkte, die Sie ansprechen wollen, und vergessen Sie Ihren kleinen Notizzettel als Gedächtnisstütze nicht. Ziehen Sie sich zu einem solchen Termin etwas an, in dem Sie sich mögen, Sie werden sich sicherer fühlen.

Rechtsanwälte und Rechtsberatung

Manche Probleme, wie z. B. Erbstreitigkeiten, lassen sich auch mit Hilfe von Freunden nicht lösen, und der Rat eines Fachmannes ist nötig. In diesen Fällen sollte man sich nicht scheuen, zu einem Rechtsanwalt oder zu einem Notar zu gehen, der sich in dieser Materie am besten auskennt und die »Pferdefüße« sofort erkennt. Viele Witwen hatten noch nie in ihrem Leben etwas mit Rechtsanwälten zu tun und fürchten auch die Kosten.

Wie findet man einen Rechtsanwalt?

Am besten fragt man Freunde oder erkundigt sich bei Interessenverbänden. Für eine gute Zusammenarbeit ist ein gegenseitiges Vertrauensverhältnis ausschlaggebend, und Ihr *Rechtsanwalt* muß sich darauf verlassen können, daß Sie ihm die Wahrheit sagen, auch wenn diese noch so unangenehm ist. Rechtsanwälte unterliegen der Schweigepflicht wie Geistliche und Ärzte.

Zur ersten Besprechung sollte man gleich alle schriftlichen Unterlagen mitbringen, sowie Namen und Adressen von eventuellen Zeugen. Aber erkundigen Sie sich vorher, ob dieser Anwalt Fälle wie den Ihren schon bearbeitet hat. Zwar sollten sich Rechtsanwälte, da sie Volljuristen sind, auf jedem Gebiet auskennen, aber oft ist es besser, einen Fachanwalt um Rat zu fragen.

Wie ist das nun mit den Kosten?

Genieren Sie sich nicht, danach zu fragen. Es geht schließlich um Ihr Geld. Für Geschäftsleute ist es eine Selbstverständlichkeit, sich beim ersten Gespräch über entstehende Kosten zu informieren. Normalerweise werden die Gebühren nach der Bundesrechtsanwaltsgebührenordnung (BRAGO) abgerechnet und richten sich nach dem Streitwert (Wert, der zur Debatte steht). Die Arbeit eines Anwalts kann auch nach Stunden vergütet werden. Das könnte für Sie günstiger sein. Sie sollten das gleich am Anfang mit ihm besprechen. Ungefähr DM 250 plus Mehrwertsteuer muß man als unterste Grenze für eine Anwaltsarbeitsstunde einkalkulieren. Notieren Sie sich, wie lange Ihre Gespräche, auch die am Telephon, dauerten, so behalten Sie den Überblick.

Oft verlangt ein Rechtsanwalt schon beim ersten Besuch einen Kostenvorschuß. Das ist üblich, denn ihm entstehen ja auch Unkosten. Rechtsanwälte obliegen gegenüber dem Mandanten grundsätzlich einer Beratungs- und Aufklärungspflicht. Hierzu gehört in der Regel auch die Aufklärung des Mandanten über das eventuelle Kostenrisiko, das dieser zu tragen hat, wenn ein Rechtsstreit verlorengeht.

Für Erbauseinandersetzungen benötigt man einen *Notar*. Dieser berechnet seine Gebühren nach den niedrigeren Werten der Kostenordnung. Bei Verträgen allerdings gilt der doppelte Satz. Notariate sind durch ein Schild mit dem Landeswappen gekennzeichnet. Man findet die Adressen, genau wie bei Rechtsanwälten, im Branchenbuch.

Wann braucht man unter Umständen eine juristische Beratung?

1. Bei Nichtvorhandensein eines Testamentes, wenn:
- Viele Erben aus unterschiedlichen Verwandtschaftsgraden vorhanden sind.
- Eheliche und nichteheliche Kinder erbberechtigt sind.
- Die Ausschlagung der Erbschaft zu erwägen ist, da die Möglichkeit besteht, daß der Nachlaß verschuldet ist.
- Der Erblasser Ausländer ist.
- Vermögen im Ausland vorhanden ist, insbesondere Grundbesitz.
- Bei Verzicht auf die Erbschaft zugunsten der Kinder.

2. Bei Vorhandensein eines Testamentes, wenn:
- Einige Bestimmungen unklar gefaßt sind.
- Ein zweites Testament auftaucht und Zweifel bestehen, welches das gültige ist.
- Enterbung und Anfechtung des Testamentes anstehen.
- Verzicht auf die Erbschaft zugunsten der Kinder ansteht.
- Zweifel an der Gültigkeit des Testamentes bestehen (Unzurechnungsfähigkeit u. a.).
- Das Testament von inzwischen geänderten Voraussetzungen ausgeht. (Ehe geschieden).
- das Testament im Widerspruch zu einem Erbvertrag steht.

Der Notar ist zuständig:
- Für einen Erbscheinantrag, der mit einer eidesstattlichen Versicherung verbunden ist;
- bei strittigem Grundbesitz.

Manche Witwen hätten gern juristischen Rat oder Hilfe, aber die Rechtsanwaltskosten sind zu hoch für sie. In diesen Fällen kann man sich an Beratungsstellen wenden, die nicht nur fachkundigen Rat geben, sondern auch bei einem Rechtsstreit und anderen Auseinandersetzungen helfen sowie bei der Wahl eines Rechtsanwaltes.

Beratungsstellen sind die Amtsgerichte des Ortes, in Hamburg die öffentlichen Rechtsauskunft- und Vergleichsstellen und in Bremen die Arbeitnehmerkammern.

Sozialhilfe

Leider machen manche Frauen nach dem Tod des Partners die bittere Erfahrung, daß nicht genug Geld vorhanden ist, um das bisherige Lebensniveau zu halten. Sie finden vielleicht Schulden vor oder werden testamentarisch mit so wenig bedacht, daß sie in eine Notlage geraten. In dieser Situation kann Sozialhilfe beantragt werden, um ein »menschenwürdiges« Leben führen zu können.

Sie sollten sich nicht scheuen oder schämen, zum Sozialamt Ihres Wohnortes zu gehen. Sie haben einen Rechtsanspruch auf Sozialhilfe, wenn Sie sich weder selber helfen können noch Hilfe von anderen erhalten. Warten Sie nicht zu lange mit dem Antrag, denn erst ab dem Tag der Antragstellung steht Ihnen rückwirkend Unterstützung zu.

Hilfe bekommt man, wenn:
- Man wegen der Erziehung der Kinder nicht arbeiten kann.
- Die Witwenrente sehr klein ist.
- Der Lohn für den Lebensunterhalt zu niedrig ist.
- Kein Vermögen vorhanden ist.
- Besondere Notlagen, wie Krankheit, Behinderung, Schwangerschaft oder hohes Alter, vorliegen.

Erkundigen Sie sich genau, welche Papiere Sie für die Beantragung mitbringen müssen. Bereiten Sie sich auf die Beratung gut vor, machen Sie sich Notizen und überlegen Sie sich vorher, welche Hilfen Sie beantragen wollen. Wenn es Ihnen mehr Sicherheit verleiht, nehmen Sie als Beistand eine Freundin mit, das ist Ihr gutes Recht.

Nach einer Schätzung von 1988 hatten ca. 39% aller Witwen ein monatliches Einkommen, das unter DM 1000 lag. Diese Situation hat sich verbessert, doch leben auch heute noch viele, besonders ältere Witwen, am Rande der Armutsgrenze.

Testament und Erbschaft

Die Testamentseröffnung

In amerikanischen Filmen ist eine Testamentseröffnung meistens eine dramatische Angelegenheit: Alle Betroffenen sitzen gespannt vor dem Notar, der feierlich den Umschlag öffnet, dann eine kleine Pause macht und alle bedeutungsvoll und nachdenklich anschaut. Die Spannung der Erben steigert sich bis ins Unerträgliche, der Notar liest endlich nach einem Räuspern das Testament vor, und mindestens eines der erwartungsvollen Gesichter wird schreckensbleich oder puterrot.

So aufregend ist es in Deutschland nicht. Bei uns ist das Nachlaßgericht für die Testamentseröffnung zuständig, egal, ob es sich um ein notarielles oder handschriftliches Testament handelt. Eine Testamentseröffnung ist vom Gesetz vorgeschrieben, weder die Hinterbliebenen noch der Testator (die Person, die das Testament errichtet hat) können das beeinflussen.

Hat man ein Testament oder mehrere gefunden, muß man alle beim Gericht abliefern – auch die durchgestrichenen, ungültigen oder widerrufenen. Das Gericht wird entweder alle Beteiligten zur Testamentseröffnung laden oder, was häufiger vorkommt, ihnen eine Kopie des Testamentes zuschicken. Beteiligte sind die, die im Testament bedacht werden, sowie die gesetzlichen Erben. Auch Nacherben, wenn sie keine gesetzlichen Erben sind, werden vom Gericht informiert, was sie zu gegebener Zeit vererbt bekommen. Unmündige Kinder werden noch nicht benachrichtigt, nur die Erziehungsberechtigten und das Vormundschaftsgericht erhalten eine Nachricht.

Die gesetzliche Erbfolge

Der Ehemann hatte kein Testament hinterlassen, und Sie als Witwe stehen vor der Frage, wer nunmehr Erbe wird.

Existiert kein Testament, teilt gewissermaßen der Staat die Erbschaft auf. Der Gesetzgeber hat sich bei der gesetzlichen Erbfolge viele Gedanken gemacht und sich bemüht, den Ehepartner, die Kinder und die nächsten Verwandten gerecht zu bedenken.

Bei der gesetzlichen Erbfolge erben die Blutsverwandten des Verstorbenen (Erblasser) und der Ehepartner (hier die Witwe).

Das Bürgerliche Gesetzbuch teilt die verschiedenen Gruppen von Verwandten in Erbordnungen ein.

Gesetzliche Erben der ersten Ordnung sind: der Ehepartner und die Kinder (Abkömmlinge). Zur ersten Ordnung zählen auch Kinder aus vorherigen oder geschiedenen Ehen, nichteheliche und Adoptivkinder. Ist ein Abkömmling gestorben, hat aber selbst Kinder, rücken diese an seiner Stelle nach; sie gehören auch zur ersten Ordnung.

Gesetzliche Erben der zweiten Ordnung sind: die Eltern des Erblassers und deren Abkömmlinge, also die Geschwister (Bruder, Schwester) oder deren Kinder (Neffen, Nichten), wenn der vorherige Elternteil schon verstorben ist. Lebt nur noch ein Elternteil des Erblassers, z. B. der Vater, und gibt es Geschwister, so sind diese durch die verstorbene Mutter erbberechtigt. Es erben sodann die Geschwister des Erblassers jeweils zu gleichen Teilen.

Gesetzliche Erben der dritten Ordnung sind: die Großeltern des Erblassers und deren Abkömmlinge (Onkel, Tanten, Vettern und Basen).

Gesetzliche Erben der vierten Ordnung sind: die Urgroßeltern des Erblassers und ihre Nachfahren.

Gesetzliche Erben der fünften Ordnung sind: die noch entfernteren Blutsverwandten.

Als letzter gesetzlicher Erbe tritt der Fiskus auf, wenn zur Zeit des Erbfalls weder ein Ehegatte oder Verwandter des Erblassers vorhanden ist.

Was hier von Bedeutung ist: Lebt noch ein Verwandter einer niedrigeren Ordnung, sind die einer höheren ausgeschlossen.

Das sieht man am besten an folgendem Beispiel: Ein Ehemann hinterläßt seine Frau und zwei Kinder (erste Ordnung) und seine Eltern (zweite Ordnung). Hier erben die Witwe und die Kinder; die Eltern aber nicht, da sie in einer höheren Ordnung sind. Wären jedoch keine Kinder da, würden neben der Frau auch die Eltern erben, und wenn ein Elternteil nicht mehr lebt, die Geschwister des Erblassers.

Auch nichteheliche Kinder, die nach dem 30. 6. 1949 geboren wurden, sind jetzt wie die ehelichen Kinder der ersten Ordnung mit dem Vater verwandt und erbberechtigt, wenn die Vaterschaft von dem Verstorbenen anerkannt wurde. Aber damit es nicht zu möglichen Auseinandersetzungen zwischen der ehelichen Familie und dem nichtehelichen Kind kommt, erhält es einen Erbersatzanspruch. Dies ist ein Geldanspruch in Höhe seines gesetzlichen Erbteils. Diesen Betrag erhält es aber nur, wenn auch die ehelichen Kinder und die Ehefrau erbberechtigt sind. Weiß das nichteheliche Kind vom Tod des Vaters und von dem Erbfall und rührt es sich nicht, verjährt sein Anspruch nach drei Jahren. War ihm nichts bekannt, beträgt die Verjährungsfrist 30 Jahre.

Hat das nichteheliche Kind aber schon zwischen dem 21. und 27. Lebensjahr einen vorzeitigen Erbausgleich erhalten, besteht kein Anspruch mehr auf das Erbe. Diesen Ausgleich kann nur das nichteheliche Kind verlangen, nicht das eheliche.

Wieviel erben nun eine Witwe und eventuell die Kinder oder Verwandten, wenn kein Testament vorhanden ist?

Die Berechnung hängt in erster Linie davon ab, in welchem ehelichen Güterstand das Ehepaar lebte.

1. Bei der Zugewinngemeinschaft erbt:

- Eine Witwe die Hälfte, wenn sie Kinder hat.
- Drei Viertel, wenn keine Kinder existieren.
- Leben Eltern (oder deren Abkömmlinge) oder Großeltern, erben diese je ein Viertel.
- Leben weder Kinder, Eltern noch Großeltern erbt die Witwe alles.

Abkömmlinge der ersten Ordnung erben:
- die Hälfte des Nachlasses neben der Witwe,
- ein Kind: die gesamten 50 Prozent,
- zwei Kinder: je ein Viertel,
- drei Kinder: je ein Sechstel.

2. Bei der Gütertrennung erbt:
- Eine Witwe mindestens ein Viertel, wenn sie Kinder hat.
- Bei einem Kind die Hälfte des Nachlasses.
- Bei zwei Kindern ein Drittel.
- Ab drei Kindern ein Viertel.
- Die Hälfte, wenn keine Kinder existieren.
- Leben Eltern (oder deren Abkömmlinge) oder Großeltern, erben diese die anderen 50 Prozent.
- Lebt nur noch ein Teil der Großeltern, erbt die Witwe zusätzlich ein Viertel.
- Leben weder Kinder, Eltern noch Großeltern, erbt die Witwe alles

Abkömmlinge der ersten Ordnung erben:
- ein Kind die Hälfte,
- zwei Kinder je ein Drittel,
- drei Kinder je ein Viertel.

3. Bei der Gütergemeinschaft erbt:
- Die Witwe neben Verwandten der ersten Ordnung ein Viertel und neben solchen der zweiten Ordnung die Hälfte vom ganzen Nachlaßvermögen, es müssen aber zur Zu- und Abrechnung die fünf Vermögensmassen unterschieden werden. Das wird Ihnen ein Nachlaßgericht oder Notar, wenn es für Sie in Frage kommt, genau erklären können.

Der Voraus

Bei allen drei Güterständen erhält der überlebende Ehegatte den Voraus ohne Anrechnung auf den gesetzlichen Erbanspruch, wenn er neben Verwandten der zweiten Ordnung (Eltern und Geschwister) oder neben den Großeltern des Verstorbenen gesetzlicher Erbe wird. Damit sind die beweglichen Gegenstände gemeint, die man zur Haushaltsführung braucht, z. B. Möbel, Geschirr, aber auch das Auto. Doch sind Kinder da, könnte die Witwe nur die Gegenstände behalten, die sie benötigt, um einen angemessenen Haushalt zu führen. Hat sie keine Kinder, aber die Eltern oder Großeltern leben noch, kann sie den ganzen Voraus behalten. Auch die Hochzeitsgeschenke braucht sie nicht zu teilen.

Der Dreißigste

Den Familienangehörigen oder der Lebensgefährtin, die mit dem Verstorbenen in einer Wohnung lebten und von ihm bis zu seinem Tod unterhalten wurden, steht ein Anspruch auf den »Dreißigsten« zu. Sie haben dadurch das Recht, noch einen Monat in der Wohnung bleiben zu können, auch wenn sie nicht die Erben sind. Sie können von den Erben die gleiche Summe als Unterhalt verlangen, die sie vom Erblasser monatlich erhielten. Wenn die Erben die Wohnung selbst beziehen möchten, können sie die Partnerin auf keinen Fall sofort aus der Wohnung weisen. Allerdings gilt dieser Schutz nur dreißig Tage. Der Anspruch auf den Dreißigsten ist jedoch für den nichtehelichen Lebensgefährten gesetzlich nicht abgesichert, wird jedoch mehr und mehr bejaht.

Ausgleich von Vorempfängen und Vorleistungen

Hier ist folgendes gemeint: Hat ein Kind eine besonders teure Ausbildung genossen, haben die Eltern ihm finanziell beim Berufsstart geholfen, oder bekam eine Tochter eine üppige Aussteuer, dann sind dies Vorleistungen. Wenn ein anderes Kind nichts oder viel weniger erhielt, wäre es jedoch ungerecht, ihnen allen gleich viel zu vererben. Deshalb werden solche Vorleistungen auf das Erbe angerechnet, denn gesetzliche Erben (Kinder) sind untereinander zum Ausgleich verpflichtet, soweit vom Erblasser nichts anderes bestimmt wurde.

Die Ausschlagung der Erbschaft

Nun kann es ja sein, Sie stellen zu Ihrem Entsetzen fest, daß doch relativ hohe Schulden vorhanden sind. Eines dürfen Sie jetzt auf keinen Fall tun, nämlich eine Vogel-Strauß-Politik betreiben. Den Kopf in den Sand zu stecken und nichts zu tun, wäre das Falscheste. Akzeptiert man nämlich eine Erbschaft, so übernimmt man nicht nur die positiven Werte, sondern auch die Schulden, Auflagen, Vermächtnisse und die Pflichtteilansprüche. Und der Erbe haftet nicht nur mit dem ererbten, sondern auch mit seinem eigenen, privaten Vermögen. Das heißt, wenn mehr

Schulden als Werte da sind, muß er diese mit seinem eigenen Geld bezahlen. Ein Gläubiger kann den Erben für die Schulden des Erblassers sogar vor Gericht bringen. Auch für die Beerdigungskosten ist der Erbe zuständig. Das alles sollte vor Annahme der Erbschaft bedacht werden, denn Sie haben nur sechs Wochen Zeit, die Erbschaft auszuschlagen.

Diese Frist beginnt mit der Testamentseröffnung oder mit Eintreffen des photokopierten Testaments.

Wie schlägt man eine Erbschaft aus?

Entweder geht man zum Nachlaßgericht, in dessen Bezirk der Erblasser seinen letzten Wohnsitz hatte, und läßt dort die Ausschlagung von einem Rechtspfleger beurkunden. Oder man kann zu irgendeinem Notar im In- oder Ausland gehen und dort die entsprechende Erklärung beglaubigen lassen.

Hatte der Erblasser seinen Wohnsitz im Ausland oder lebt der Erbe selber nicht in Deutschland, so bleiben sechs Monate Zeit, sich alles in Ruhe zu überlegen, da es doch meistens schwieriger ist, den genauen Sachverhalt aus der Ferne so rasch festzustellen.

Die Anfechtung der Erbschaftsannahme

Nun könnte es ja sein, daß Sie den Erbschein bekommen haben und zur Bank gehen und dort vernehmen müssen, daß statt eines schönen Bankkontos nur Schulden vorhanden sind. Dann haben Sie wiederum nur sechs Wochen Zeit, um die Annahme der Erbschaft anzufechten. Hier wäre der Beginn der Sechs-Wochenfrist der Zeitpunkt, zu dem Sie den wahren Sachverhalt erfahren.

Es kommt auch vor, daß jemand von den Schulden weiß und Erbe geworden ist. Aber er glaubt, sich beim Nachlaßgericht nicht melden zu müssen oder das Nachlaßgericht gehe auf ihn als Erben zu. Der Erbe fällt dann aus allen Wolken, wenn ihm die Gläubiger schreiben. Hat man innerhalb der Sechs-Wochenfrist versäumt, das Erbe auszuschlagen, dann besteht noch einmal eine sechswöchige Frist, falls es einen Anfechtungsgrund gibt (hier: der Gläubigerbrief).

Auch wenn Kinder da sind, sollte man daran denken, eventuell für sie auszuschlagen.

Die Anfechtung der Ausschlagung

Genau das Gegenteil könnte auch eintreten. Sie haben vor einiger Zeit eine Erbschaft ausgeschlagen. Jetzt entdecken Sie ein bis dahin unbekanntes Bankkonto mit erheblichen Guthaben. Auch hier können Sie anfechten, nämlich die Ausschlagung.

Die Haftungsbeschränkung

Will der Erbe sich erst einmal einen Überblick über die Erbschaft verschaffen, ist dies mit der sogenannten Drei-Monatseinrede möglich. Reicht dieser Zeitraum nicht, kann man mit einer beim Nachlaßgericht beantragten Nachlaßverwaltung versuchen, innerhalb von sechs Monaten alle Verbindlichkeiten in Erfahrung zu bringen, um dann zu entscheiden, ob eventuell durch Nachlaßkonkurs eine Abwicklung der Erbschaft erreicht werden kann. Nachlaßverwaltung und -konkurs sind sehr teuer, da hierbei ein Nachlaßverwalter eingeschaltet werden muß. Genauere Auskünfte erhalten Sie in diesen schwierigen Fällen vom Nachlaßgericht oder vom Notar.

Die Anfechtung des Testaments

Nun ist das Testament eröffnet worden, und Sie überlegen eine Anfechtung des Testaments. Da das Gesetz den Willen des Erblassers zu respektieren versucht, muß man sehr schwerwiegende Beweise haben, um das Gericht von der Rechtmäßigkeit der Anfechtung zu überzeugen.

Eine Anfechtung könnte in folgenden Fällen erfolgreich sein:
- *Erbunwürdigkeit ist zu erwägen,*
- wenn der Bedachte sich durch seine Handlungsweise des Erbes nicht würdig gezeigt hat. Wenn er z. B. dem Erblasser nach dem Leben getrachtet hat und dieser es ihm nicht verziehen hat;
- wenn der Erblasser von ihm getötet wurde oder vorsätzlich in einen solchen Zustand gebracht wurde, zum Beispiel durch Drogen, so daß er das Testament nicht mehr ändern konnte;

– wenn der Erblasser mit Absicht daran gehindert wurde, ein Testament zu errichten oder aufzuheben, z. B. durch Drohung oder arglistige Täuschung;
– wenn man das Testament gefälscht hat oder ein weiteres verschwinden läßt.

■ *Wenn der Verstorbene über den Inhalt seiner Erklärung im Irrtum war.*

Das ist z. B. der Fall, wenn der Erblasser als Vorerbe jemandem seiner Wahl alles vererbt, ohne zu berücksichtigen, daß der Nacherbe schon bestimmt wurde.

■ *Wenn ein Pflichtteilberechtigter aus Unkenntnis übergangen wurde.*

Das könnte sein, wenn ein Kind erst nach dem Tod des Vaters geboren wurde.

■ *Anfechtung wegen Sittenwidrigkeit:*

Nehmen wir einmal an, die Geliebte ist im Testament bedacht worden und die Ehefrau will das nicht akzeptieren. Eine solche Anfechtung ist heutzutage wegen der gewandelten Sitten doch relativ schwierig. Ein sogenanntes Geliebten-Testament ist nur anfechtbar, wenn man beweisen kann, daß das Testament nur eine sittenwidrige »Zuwendung zur Belohnung außerehelichen Geschlechtsverkehrs« darstellt. Das wäre eindeutig der Fall, wenn die Bedachte eine Prostituierte ist oder das Testament ein Freudenhaus bedenken würde. Aber wenn »auch andere, beachtenswerte Beweggründe neben der erotischen Beziehung« maßgebend waren, also die Gegenleistung eine Art Betreuung, Fürsorge und dergleichen war, ist das Testament im Sinn des Gesetzes höchstens unsittlich. Ein unsittliches Testament ist aber nicht anfechtbar. Eine solche Gegenleistung könnte etwa sein, daß die Geliebte dem Mann eine Suppe kocht oder Knöpfe annäht. Das ist dann keine rein geschlechtliche Beziehung mehr, sondern hat für den Gesetzgeber die Qualität einer zwischenmenschlichen Beziehung. Ein sittenwidriges Testament ist anfechtbar, aber ein unsittliches nicht!

Der Pflichtteil

Sind Sie als Abkömmling, Elternteil oder Ehegatte des Erblassers durch testamentarische Verfügung von der gesetzlichen Erbfolge ausgeschlossen und daher im Testament überhaupt nicht oder sehr geringfügig bedacht worden, haben Sie immernoch einen Anspruch auf den Pflichtteil. Dieser stellt gegenüber dem oder den testamentarischen Erben ein Anrecht auf Zahlung einer Geldsumme dar. Der Bargeldanspruch kann gegenüber den Erben sofort geltend gemacht werden.

Wer seinen Pflichtteil verlangt hat, scheidet als Erbe endgültig aus.

Manchmal ist es dennoch vorteilhafter, seinen Pflichtteil zu verlangen. Dieser Fall kann eintreten, wenn man als Vorerbe in seinen Ansprüchen durch viele Vermächtnisse und Auflagen derart eingeschränkt ist, daß im Endeffekt weniger als der Pflichtteil übrig bleibt, oder wenn es zu mühsam und zu schwierig erscheint, die Verpflichtungen zu erfüllen. Dasselbe gilt, wenn nicht bekannt ist, wie die Erbschaft in einiger Zeit aussehen wird, ob vielleicht Schulden auf einen zukommen. Auch hier muß man erst einmal die Erbschaft ausschlagen, wenn man sein Pflichtteil haben möchte.

Ein Anrecht auf den Pflichtteil haben die Witwe, die Kinder oder deren Abkömmlinge, auch nichteheliche und Adoptivkinder, oder, wenn es keine Kinder gibt, die Eltern.

Der Pflichtteilberechtigte erhält die Hälfte seines gesetzlichen Erbes als Geldanspruch.

Aber es gibt eine *Ausnahme*: Für eine Witwe ist dies der Fall beim ehelichen Güterstand der *Zugewinngemeinschaft*.

Hier muß zuerst geprüft werden, ob ihr überhaupt etwas vererbt wurde, sei es durch Erbschaft oder durch Vermächtnis. Wurde der Hinterbliebenen etwas vermacht, kann sie den *großen Pflichtteil* verlangen. Dieser beträgt ein Viertel dessen, was sie als gesetzliche Erbin erhalten hätte. In diesem Fall bekommt sie keinen Zugewinnausgleich, dafür aber den »Voraus« wie bei allen ehelichen Güterständen.

Wäre die Witwe völlig übergangen worden, kann sie den sogenannten *kleinen Pflichtteil* verlangen. Dieser beträgt ein Achtel
und zusätzlich den güterrechtlichen Zugewinnausgleich wie im
Fall einer Scheidung.

Nehmen wir einmal folgenden Fall an: Sie sollen als Vermächtnis
ein Ölgemälde erhalten. Dessen Wert liegt unter dem Ihnen zu-
stehenden Pflichtteil. Jetzt können Sie wählen: Sie können das
Ölbild annehmen und einen Pflichtteilsergänzungsanspruch bis
zur Höhe des Pflichtteils von den Erben verlangen. Oder Sie
schlagen das Vermächtnis aus und verlangen den großen Pflichtteil.

Eine Witwe kann ihren Pflichtteil auch dann fordern, wenn ihr
im Testament mehr als dieser zugedacht wäre. In diesem Fall
kann sie zwischen dem kleinen und großen Pflichtteil wählen.

Diese Möglichkeit steht Kindern und Eltern nicht zu. Wurde
diesen genausoviel oder mehr vererbt und schlagen sie die Erbschaft aus, weil sie vielleicht lieber gleich das Geld hätten, so
bekommen sie nichts, da sie ja nicht enterbt wurden.

Auch beim Pflichtteil können *Vorleistungen und Vorempfänge*, wie
z. B. Schenkungen, die der Erblasser innerhalb der letzten zehn
Jahre vor seinem Tod gemacht hat, angerechnet werden.

Wie läßt sich nun feststellen, wieviel Geld zu erwarten ist?
Das wird durch eine Schätzung ermittelt. Dabei richtet man sich
nicht nach der Wertfestsetzung des Erblassers. Das Erbe muß
vielmehr neu geschätzt werden. Der Pflichtteilberechtigte hat
auch das Recht, die Erben um Auskunft über den Bestand des
Nachlasses zu befragen und sich die Geschäftsunterlagen, Bilan-
zen und die Gewinn- und Verlustrechnung zeigen zu lassen. Der
Anspruch auf einen Pflichtteil verjährt nach drei Jahren.

Wie bei der gesetzlichen Erbfolge hat eine Witwe *kein Anrecht auf
den Pflichtteil*, wenn sie mindestens ein Jahr von ihrem Mann getrennt gelebt hatte und beide die Scheidung beantragt hatten
oder einer von beiden einer Scheidung zugestimmt hatte. Das
gleiche gilt auch, wenn das Ehepaar länger als drei Jahre getrennt
gelebt hatte.

Wurden Sie als *Vorerbe* eingesetzt, sollten Sie folgendes beachten: Als Vorerbe ist man nicht endgültiger Erbe und darf über den Nachlaß nicht nach freiem Willen verfügen. Sie können somit keine Immobilien verkaufen und auch nicht ohne weiteres vorhandene Wertpapiere veräußern. Das Erbe muß vielmehr zusammengehalten werden, da es nur für eine begrenzte Zeit zur Nutzung übernommen wurde. Der Vorerbe ist den Nacherben Rechenschaft schuldig, wie das Vermögen verwaltet wird.

Vielleicht sind Sie ein sogenannter *befreiter Vorerbe*. Dann können Sie im wesentlichen frei über die Erbschaft verfügen. Allerdings ist verantwortlicher Umgang mit der Erbschaft vorgeschrieben; sie darf nicht verschleudert werden.

Wenn man länger als 30 Jahre Vorerbe bleibt, wird man im Regelfall automatisch Vollerbe und kann sodann mit dem Erbe beliebig verfahren. Es besteht kein Zwang, die Erbschaft den Nacherben zu übergeben. Hat jemand z. B. Schmuck nur als Vorerbe erhalten, kann er ihn nach 30 Jahren nach Erhalt jeder beliebigen Person vererben, verkaufen oder verschenken.

Der Erbschein

Beantragt man einen Erbschein, bedeutet dies, daß man das Erbe mit seinen positiven, aber auch negativen Werten annimmt. Deshalb sind Notare und Rechtspfleger verpflichtet, die Erben über die Tragweite ihrer Entscheidung zu belehren.

Den Erbschein kann der gesetzliche oder testamentarische Erbe über einen Notar oder beim Nachlaßgericht oder beim Rechtspfleger des Amtsgerichts direkt beantragen. Bei einem notariellen Testament braucht man normalerweise keinen Erbschein. Es genügt dann, sich bei allen Rechtsgeschäften mit einer beglaubigten Kopie vom Testament und einem Eröffnungsprotokoll auszuweisen.

Da der Erbschein immer erst auf Antrag erteilt wird, gibt es hier keine bestimmte Frist. Bei *mehreren Erben* ist es absolut erforderlich, daß Einigkeit unter den gesamten Erben (*Gesamthandsgemeinschaft* im Juristendeutsch) herrscht. Wenn sie sich nicht einig sind und die Erben überhaupt keinen Kontakt untereinander haben, kann auch ein einzelner Miterbe seinen Erbteil nicht allein ausbezahlt bekommen. Wenn keine Streitigkeiten bestehen, müssen nicht alle Erben beim Nachlaßgericht oder Notar den Erbschein beantragen, hier genügt ein Miterbe.

Nachdem man sich genau informiert hat, welche Urkunden mitzubringen sind, kann man zum Notar oder Gericht gehen, um den Antrag auf den Erbschein beurkunden zu lassen. Diese Beurkundung ist nötig, weil manche Angaben nicht nur durch Dokumente nachgewiesen werden können. Dies ist z. B. bei der Frage der Fall, ob noch andere Kinder oder Erben existieren.

Deshalb genügt es auch nicht, eine bevollmächtigte Person hinzuschicken; es ist notwendig, daß mindestens ein Erbe persönlich erscheint. Nur er selber kennt die Familiensituation und die persönlichen Verhältnisse. Nach Beantwortung der Fragen hat er eine eidesstattliche Erklärung abzugeben.

Wenn das Nachlaßgericht aber erfährt, daß falsche Angaben gemacht wurden, so wird der Erbschein eingezogen. Außerdem macht sich der Falschinformant strafbar.

Welche eidesstattlichen Versicherungen werden verlangt?

Eidesstattliche Erklärungen sind Versicherungen, z. B.

- daß kein Testament oder nur das vorliegende existiert,
- daß alle Erben sich einig sind, die Erbschaft anzunehmen,
- daß gegebenenfalls der Güterstand der Zugewinngemeinschaft gegolten hat.

Im Erbschein stehen keine Angaben über die Größe der Erbschaft oder über etwa vorhandene Schulden. Auch Vermächtnisse werden nicht erwähnt. Man kann mehrere Ausfertigungen des Erbscheins anfordern, falls sie benötigt werden.

Man unterscheidet:

- den Alleinerbschein, wenn nur eine Person Erbe ist,
- den gemeinschaftlichen Erbschein bei mehreren Erben,
- den Teilerbschein, wenn ein Erbe oder mehrere nicht so schnell auffindbar sind,
- den gebührenbegünstigten Erbschein für den Fall, daß er für die Umschreibung einer Immobilie gebraucht wird.

Die Erbschaftsteuer

Wenige kennen sich bei den Erbschafts- und Schenkungssteuergesetzen aus oder wissen, was versteuert wird und wann gemeldet werden muß. Man sollte sich deshalb nicht scheuen, einen Steuerfachmann um Rat zu fragen.

Warum heißt diese Steuer Erbschafts- oder auch Schenkungssteuer? Den meisten Menschen ist klar, daß man für eine Erbschaft Steuern bezahlen muß, aber daß auch Schenkungen steuerpflichtig sein können, wissen manche nicht. Der Gesetzgeber befindet, daß beides »Erwerbungen« sind, durch die sich das Vermögen des Begünstigten vergrößert.

Die Steuer erfaßt nicht nur Erwerbe von Todes wegen, sondern auch Zuwendungen unter Lebenden.

Erwerbe von Todes wegen sind vor allem:

- Erbschaften,
- der Erbersatzanspruch des nichtehelichen Kindes,
- Vermächtnisse oder Auflagen,
- Pflichtteile,
- Lebensversicherungen,
- Abfindungen für Ausschlagungen der Erbschaft, Vermächtnisse oder Verzicht auf ein Pflichtteil sowie
- Stiftungen

Erwerbungen unter Lebenden sind im wesentlichen:

- Schenkungen und Zuwendungen, wenn dadurch der Beschenkte unentgeltlich bereichert wird,
- Abfindungen zu Lebzeiten für einen Erb- oder Pflichtteilsverzicht sowie
- Stiftungen.

Normalerweise muß jeder, Erbe oder Beschenkter, aber auch der Schenker, innerhalb von drei Monaten nach Kenntnis eines Erwerbs der Steuerbehörde eine Mitteilung machen. Doch die Finanzbehörde will sich nicht nur auf die Ehrlichkeit der Erben und Beschenkten verlassen. Sie hat eine ganze Reihe von Informationsquellen, die gesetzlich verpflichtet sind, ihr eine Erbschaft oder Schenkung zu melden.

Es gibt vier Hauptquellen der Information für die Erbschaftsteuerbehörde:

■ das Nachlaßgericht,

■ Notare, die Schenkungen notariell beurkunden,

■ Kreditinstitute, Postgiroämter und Bausparkassen sowie

■ Versicherungsgesellschaften bei einer Lebens- oder Unfallversicherung, wenn sie DM 2000 übersteigt.

Taucht der Name eines pflichtteilsberechtigten Erben nicht im Testament auf, macht dieser aber seinen Anspruch auf den Pflichtteil geltend, dann muß er dies dem Finanzamt selbst melden.

Die Steuerverwaltungsbehörden unterrichten sich auch untereinander, z. B erfährt die Abteilung der Erbschaftsteuer viele Details von dem für die Vermögensteuer zuständigen Finanzamt. Umgekehrt informiert aber auch die Erbschaftsteuerstelle das Einkommen- und Vermögensteuerfinanzamt des Verstorbenen über das dort bekannt gewordene Nachlaßvermögen.

Stirbt ein Deutscher im Ausland, wird der Fiskus durch die Botschaften und Konsulate davon unterrichtet. Ausländer, die in Deutschland wohnten, oder Deutsche, die ihren Wohnsitz weniger als fünf Jahre im Ausland hatten, werden bei ihrem Tod trotzdem als Inländer betrachtet und von der Erbschaftsteuer erfaßt.

Der Erbe ist nicht verpflichtet, dem Finanzamt seinen Erbanteil zu melden, wenn:

■ ein deutsches Testament vorliegt und man darin namentlich erwähnt ist oder wenn

■ ein notariell beurkundeter Schenkungsvertrag existiert.

Weiß man genau, daß keine Angabepflicht besteht, kann man ruhig abwarten, bis das Finanzamt auf einen zukommt.

Nach vier Jahren, beginnend mit dem Jahr nach dem Todesjahr, verjährt die Erbschaftsteuer. Wenn man sich nicht meldet, obwohl man weiß, daß man hierzu verpflichtet ist, hat die Behörde zehn Jahre Zeit, mit der Steuer nachzufassen.

Ist man aufgrund des erhaltenen Erwerbs erbschafts- oder schenkungssteuerpflichtig, richtet sich die Höhe der Steuer danach, welche der vier Steuerklassen des Erbschaftsteuerrechts anzuwenden ist.

Wie unterscheiden sich die verschiedenen Steuerklassen und wie hoch sind die Freibeträge?

Zur Steuerklasse I gehören:

1. der Ehegatte mit einem Freibetrag von DM 250 000,
2. die ehelichen und nichtehelichen Kinder, Stiefkinder und Adoptivkinder sowie
3. die Enkelkinder, wenn sie statt des verstorbenen Elternteils direkt von den Großeltern erben oder eine Schenkung erhalten,
   mit einem Freibetrag von DM 90 000. Hier gehen die Steuersätze von 3% bis 35%, gestaffelt nach der Höhe des Erwerbs.

Zur Steuerklasse II gehören:

1. die Abkömmlinge von noch lebenden Kindern und von Stiefkindern,
2. die Eltern und Großeltern, aber nur bei Erwerben von Todes wegen.
   Der Freibetrag beträgt DM 50 000. Für den darüber hinausgehenden Erwerb geht der Steuersatz von 6% bis 50%.

Zur Steuerklasse III gehören:

1. die Eltern und Großeltern (bei Schenkungen),
2. die Geschwister,
3. die Abkömmlinge ersten Grades von Geschwistern (Nichten und Neffen),
4. die Stiefeltern,
5. die Schwiegereltern und
6. die Schwiegerkinder sowie
7. der geschiedene Ehegatte.
   Diese Steuerklasse hat einen Freibetrag von DM 10 000.
   Für den Mehrerwerb zahlt man Steuern von 11% bis 65%.

Zur Steuerklasse IV gehören:
Alle übrigen Erwerber. Die Zweckzuwendungen haben einen
Freibetrag von DM 3000. Der Steuersatz beginnt bei 20% und
endet bei 70%.

Zweckzuwendungen können einem bestimmten Zweck dienen,
z. B. der Versorgung eines Tieres oder wohltätigen Einrichtungen.
Steuerfrei bleiben u. a. Zuwendungen, die ausschließlich und unmittelbar kirchlichen, gemeinnützigen oder mildtätigen Zwek-
ken dienen.

Die am meisten privilegierte Person bei der Erbschaftsteuer ist
unumstritten die *Ehe*frau. Sie hat hohe Freibeträge und relativ
niedrige Steuersätze, so daß bei kleineren und mittleren Vermögen die Erbschaftsteuer keine große Rolle spielt. Aber auch
bei größeren Vermögen ist die Witwe weniger empfindlich getroffen als andere Erben.

Eine Witwe erhält außer dem Freibetrag einen Versorgungsfreibetrag von DM 250 000.
Der Versorgungsfreibetrag ist für die Altersversorgung gedacht.
Da manche Bezüge diesen Freibetrag kürzen oder steuerpflichtig
sind, sollte man bei ihrem Empfang einen Steuerfachmann fragen.
Kinder und Stiefkinder, nicht aber Enkelkinder, können gleich-
falls einen Versorgungsfreibetrag für Erwerb im Todesfall bekommen, sofern sie nicht älter als 27 Jahre sind.
Der Freibetrag beträgt bei einem Kind:
- bis zu 5 Jahren DM 50 000
- bis zu 10 Jahren DM 40 000
- bis zu 15 Jahren DM 30 000
- bis zu 20 Jahren DM 20 000
- bis zu 27 Jahren DM 10 000

Diesen Versorgungsfreibetrag erhalten Kinder jedoch nur, wenn
ihr steuerpflichtiger Erwerb DM 150 000 nicht übersteigt. Ist der
Erwerb höher, so wird der jeweilige Freibetrag um den 150 000
DM übersteigenden Betrag vermindert.

Vergleicht man die gesetzlichen Güterstände, hat eine Witwe, die im Güterstand der Zugewinngemeinschaft lebte, die größten steuerlichen Vorteile, da die Hälfte des Zugewinns nicht zu versteuern ist und dann noch der Freibetrag und eventuell der Versorgungsfreibetrag vom Erwerb abgezogen werden können.

Lebte das Ehepaar in Gütertrennung, sieht es etwas anders aus. Hier entfällt die Ausgleichsforderung des Zugewinns als steuerfreier Erwerb. Die Witwe hat nur Anspruch auf den Grundfreibetrag von DM 250 000 und eventuell den Versorgungsfreibetrag von ebenfalls DM 250 000.

Bei der Gütergemeinschaft ist es komplizierter. Grob gesehen wird bei nicht fortgesetzter Gütergemeinschaft die Hälfte des Gesamtgutes zum Nachlaß gerechnet und unterliegt der Erbschaftsteuer, während die andere Hälfte an den überlebenden Ehegatten fällt; es ist quasi eigenes Vermögen und bleibt damit erbschaftsteuerfrei.

In Deutschland werden derzeit *Immobilien* bei der Erbschaftsteuer noch mit dem erhöhten Einheitswert belastet. Der erhöhte Einheitswert ist das 1,4fache des nach Wertverhältnissen (im allgemeinen der Hauptveranlagung von 1964) festgestellten Einheitswertes, außer bei Land- und Forstwirtschaft. Wenn sich der Einheitswert z. B. auf DM 100 000 beläuft, dann beträgt der steuerpflichtige Grundstückswert DM 140 000. In den neuen Bundesländern sind die steuerlichen Indexzahlen höher als in den alten, da dort noch der sehr viel niedrigere Einheitswert von 1935 angesetzt wird.

Wir haben noch nicht die erbschaftsteuerliche Situation der *nichtehelichen Lebensgemeinschaft* betrachtet. So privilegiert die Ehefrau mit ihren Freibeträgen und steuerlichen Vorteilen ist, so ungünstig wird der überlebende Partner von der Steuer behandelt, wenn er nicht verheiratet war. Er hat:

- die Steuerklasse IV (20%–70%),
- einen Freibetrag von nur DM 3000 und
- keinen Versorgungsfreibetrag.

Wenn man einmal annimmt, daß eine Frau nach dem Tod des Partners dessen in der Ehe erworbenes Vermögen von einer Million DM erbt, so zeigt sich der krasse Unterschied genau:

Eine Witwe in der Zugewinngemeinschaft muß im günstigsten Fall überhaupt keine Erbschaftsteuer zahlen.

Beispiel:

Wert der Erbschaft	1 000 000 DM
./. güterrechtliche Ausgleichsforderung (50%)	500 000 DM
./. Freibetrag	250 000 DM
Bemessungsgrundlage	250 000 DM
./. evtl. Versorgungsfreibetrag	250 000 DM
Steuer	0 DM

Witwe bei Gütertrennung evtl. 37 500 DM.

Beispiel:

Wert der Erbschaft	1 000 000 DM
./. Freibetrag	250 000 DM
Bemessungsgrundlage	750 000 DM
./. evtl. Versorgungsfreibetrag	250 000 DM
Bemessungsgrundlage	500 000 DM
Steuer in St.Kl. I = 7,5%	37 500 DM

Partnerin aus nichtehelicher Gemeinschaft 478 560 DM.

Beispiel:

Wert der Erbschaft	1 000 000 DM
./. Freibetrag	3 000 DM
Bemessungsgrundlage	997 000 DM
Steuer in St.Kl. IV = 48%	478 560 DM

Alle Erben dürfen die vom Nachlaß zu übernehmenden Verbindlichkeiten abziehen, bevor sie Erbschaftsteuer zahlen. Als Erbe übernimmt man ja nicht nur die positiven, sondern auch die negativen Werte.

Was fällt unter solche Verbindlichkeiten?

■ Schulden, die der Erblasser hinterlassen hat, auch Steuernachzahlungen.

■ Verbindlichkeiten aus Vermächtnissen, Auflagen, Pflichtteilen und Erbersatzansprüchen.

Achtung: Auch die Personen, die diese Zahlungen zu bekommen haben, sind erbschaftsteuerpflichtig.

■ Erbfallverbindlichkeiten:
Darunter versteht man die Kosten für die Beerdigung, das Grabmal, die normale Grabpflege und der Abwicklung des Nachlasses, d. h. die Gerichts-, Anwalts- und Testamentsvollstreckergebühren. Die Erbschaftsteuer hat diese Kosten mit einem Pauschalbetrag von DM 10 000 festgesetzt. Sind die Ausgaben höher, muß man dies detailliert nachweisen.

■ Sachliche Steuerbefreiungen. Sie betreffen zum Beispiel den Hausrat, Kunstgegenstände sowie Sammlungen und die Wohnungseinrichtung.
Es besteht Steuerfreiheit in den Steuerklassen I und II für Erwerbe bis zu 40 000 DM und in den übrigen Steuerklassen bis zu 10 000 DM.
Andere »bewegliche körperliche Gegenstände«, wie Kraftfahrzeuge, Boote, Tiere und Schmuck sind steuerfrei bis DM 5000 in den ersten beiden Steuerklassen und bis DM 2000 in den übrigen Klassen.

Haben Sie Gold- oder Silberbarren, Münzen, Edelsteine oder Perlen, Wertpapiere oder Bargeld geerbt, müssen Sie darauf die Erbschaftsteuer in voller Höhe zahlen.
Eine Steuerermäßigung gibt es, wenn eine Erbschaft nach Steuerklasse I oder II zu versteuern ist und dieses Vermögen in den letzten zehn Jahren schon einmal nach Steuerklasse I oder II als Schenkung oder Erbschaft versteuert wurde. Dann werden je nach Zeitabstand Steuernachlässe zwischen 10 und 50 Prozent gewährt.

Versicherungen

»Der Mann ist tot, die Witwe kichert, er war bei ... versichert!«
Diesen Reim fanden wir als Kinder ungemein lustig, ohne darüber nachzudenken.
Witwen denken nach dem Tode ihres Partners meistens auch nicht gleich an Versicherungen. Doch da oft bestimmte Meldefristen eingehalten werden müssen, sollten folgende Versicherun-

gen unverzüglich, also ohne schuldhafte Verzögerung, der Gesellschaft gemeldet werden:

- ■ Unfallversicherung = Todesfallanzeige innerhalb von 24 bis 48 Stunden (je nach Versicherung);
- ■ Lebensversicherung = Todesfallanzeige unverzüglich.
- ■ Bei der Krankenversicherung besteht Meldepflicht für den Fall einer Krankenhausbehandlung innerhalb von 10 Tagen.

Die Lebensversicherungen

Bei einer Lebensversicherung ist der sofortige Kontakt zur Gesellschaft, zum Agenten oder Makler sehr wichtig, damit jene schon auf die baldige Abwicklung vorbereitet sind. Das kann schriftlich, telephonisch oder per Fax geschehen. Danach sollten Sie die Police oder den Hinterlegungsschein, die letzte Beitragsquittung, eine amtliche Sterbeurkunde sowie ein ärztliches Zeugnis über Krankheitsverlauf und die Todesursache einreichen. Die Versicherung wird prüfen, wie alt der Vertrag ist. Wurde er erst vor kurzem abgeschlossen, müssen Sie damit rechnen, daß die Gesellschaft beim Hausarzt oder im Krankenhaus anfragt, ob der Verstorbene eventuelle Krankheiten verschwiegen hatte. Braucht sie noch weitere Auskünfte über die Todesursache oder Vorkrankheiten, sollte die Witwe sich umgehend mit ihrem Arzt in Verbindung setzen, damit dieser die Gesellschaft über die Krankheitsgeschichte unterrichten kann.

Hat die Versicherung alles geprüft und in Ordnung gefunden, zahlt sie die Versicherungssumme an den Bezugsberechtigten aus. Normalerweise wird gleich bei Abschluß einer Lebens- oder Unfallversicherung gefragt, wer die Leistungen einmal bekommen soll. Der Begünstigte hat weder zu befürchten, daß er einen Pflichtteil an die Erben zahlen muß, noch bei Überschuldung an die Gläubiger etwas abzutreten hat. Schlägt er die Erbschaft aus, so kann er trotzdem die Leistung aus einer Lebensversicherung annehmen.

Nur wenn namentlich niemand als bezugsberechtigt erwähnt wurde, fällt die Versicherung an die gesetzlichen Erben und wird dann wie eine Erbschaft behandelt. In diesem Fall kann sie auch für Pflichtteilforderungen in Anspruch genommen werden. Zu-

sätzlich ist es hier nötig, sich mit einem Erbschein auszuweisen. Das braucht man als namentlich Begünstigter jedoch nicht, da ein direkter Rechtsanspruch gegenüber der Versicherungsgesellschaft besteht.
Folgende Versicherungen sollten auch bald benachrichtigt werden:

Sterbegeldversicherung der Sterbe- und Begräbniskassen bzw. der Bestattungsvereine

Diese Versicherung wird manchmal abgeschlossen, um die Begräbniskosten zu decken. Normalerweise übernehmen Bestattungsunternehmen die Abwicklung und Einholung der Versicherungsleistung, so daß die Witwe damit keine Arbeit hat.

Private Krankenversicherung

Sie schreiben der Versicherungsgesellschaft im Todesfall des Partners am besten einen Brief und legen die Sterbeurkunde dazu. Die Gesellschaft wird dann, wenn beide Ehepartner versichert waren, den Versicherungsvertrag auf eine Einzelperson abändern. Das reduziert natürlich auch die Prämie.

Gesetzliche Krankenversicherung

War der Ehepartner oder die Witwe Mitglied in einer gesetzlichen Krankenversicherung, hat die Hinterbliebene unter Umständen Anspruch auf ein Sterbegeld. Voraussetzung für die Zahlung ist, daß der verstorbene Mann oder die Ehefrau bereits vor dem 1.1.1989 Mitglied in der gesetzlichen Krankenkasse waren. In diesem Fall erhält man derzeit als Mitglied DM 2100 oder als mitversichertes Familienmitglied DM 1050. Wer nach dem 1.1. 1989 eingetreten ist, hat keinen Anspruch auf diese Zahlung.
Das Sterbegeld soll in erster Linie helfen, einen Teil der Beerdigungskosten zu bezahlen. Deshalb ist es auch üblich, daß die Beerdigungsfirmen das Geld einziehen und am Ende mit den Hinterbliebenen, die für die Beerdigung zuständig sind, die Kosten abrechnen.

Krankenversicherung des Rentenberechtigten (KVdR)

Will die Witwe in der gesetzlichen Krankenkasse des Mannes versichert bleiben, muß sie sofort die Hinterbliebenenrente beantragen, da erst vom Zeitpunkt des Antrags an der Krankenversicherungsschutz erneut einsetzt.

Hausrat-, Glasbruch-, private Haftpflicht- und Wohngebäudeversicherung

Der Tod des Partners muß gemeldet werden, da sodann der Name der Frau als Versicherungsnehmerin eingesetzt wird. Eventuell könnte bei der privaten Haftpflichtversicherung ein Einzeltarif in Frage kommen.

Kraftfahrzeugversicherung

Will die Witwe das Auto ihres Mannes übernehmen, muß sie innerhalb von sechs Monaten nach dem Todestag die Kfz-Haftpflicht- und Kaskoversicherung auf ihren Namen umändern lassen. Damit erhält sie den Schadensfreiheitsrabatt, den ihr Mann schon hatte. Versäumt sie das, hat sie wahrscheinlich 125 Prozent der Basisprämie als Versicherungsbeitrag zu zahlen.

Versicherungen bei nicht verheirateten Paaren

Stehen bei nichtverheirateten Paaren beide Namen in der Versicherungspolice, werden sie von der Versicherung wie ein Ehepaar behandelt. Nach dem Tod wird der eine Name herausgenommen und die Versicherung kann weitergeführt werden. Stand aber nur der Name des verstorbenen Partners im Vertrag, ist es nicht möglich, diese Versicherung zu behalten. Sie muß storniert und ein neuer Vertrag abgeschlossen werden.

Bevor man eine Versicherung ändert, wäre es ratsam, sich mit der Versicherungsgesellschaft, dem Vermittlungsagenten oder Makler zusammenzusetzen und die Policen durchzugehen, um dann in Ruhe zu entscheiden, was man verändern möchte oder kann.

Die Hinterbliebenenrente
der gesetzlichen Rentenversicherung

Hinterbliebenenrente erhält eine Witwe, deren Ehemann in einer gesetzlichen Rentenversicherung Beiträge eingezahlt hat. *Dies können sein:*

- die Bundesversicherungsanstalt für Angestellte, BfA,
- die Landesversicherungsanstalt, LVA,
- die Bundesbahn-Versicherungsanstalt,
- die Seekasse oder
- die Knappschaften.

Eine *Witwenrente* erhalten alle Frauen, die zum Zeitpunkt des Todes rechtsgültig verheiratet waren. Wie lange man verheiratet war, ist für den Erhalt der Rente ohne Bedeutung.

Wieviel Hinterbliebenenrente bekommt eine Witwe?

Die große Witwenrente, nämlich 60 Prozent der Rente des Mannes, erhalten Frauen, die älter als 45 Jahre sind, oder die die häusliche Erziehung der Kinder, Stief- und Pflegekinder, Geschwister und Enkel übernommen haben, wenn diese das 18. Lebensjahr noch nicht vollendeten. Auch bei der Pflege von einem körperlich oder geistig behinderten Kind erhält man die große Witwenrente. Die kleine Witwenrente, nämlich 25 Prozent der Rente des Mannes, erhalten alle anderen Witwen.

Wann ist überhaupt ein Rentenbezug möglich?

Es müssen mindestens 60 Monate der Versicherungszeit des Ehemannes aus Beitragszahlungen bestanden haben, die sogenannte Wartezeit. Auch wenn man im ersten Moment glaubt, der Ehemann hätte diese 60 Monate nicht erreicht, sollte man auf jeden Fall den zuständigen Rentenversicherungträger aufsuchen und dort alles durchsprechen. Es gibt beitragsfreie Zeiten, wie z. B. Militärdienst, die hinzugerechnet werden. Daneben können auch Schul- und Hochschuljahre oder Arbeitslosigkeit die Rente beeinflussen. Das sind die sogenannten »Anrechnungszeiten«. Stellt sich heraus, daß man leider keinen Anspruch auf eine Hinterbliebenenrente hat, kann die Witwe die schon geleisteten Beiträge des Verstorbenen vom Versicherungsamt zurückfordern.

Wie beantragt man die Rente?

Man muß selber den Antrag stellen. Die Versicherung kommt nie von alleine auf einen zu. Die Antragstellung erfolgt entweder schriftlich bei der Rentenversicherung oder bei einer Auskunfts- und Beratungsstelle mittels eines formlosen Antrags. Hier kann die Witwe sich auch informieren, welche Unterlagen die Rentenversicherung sehen will.

Beim Ausfüllen helfen:
- Beratungs- und Auskunftstellen der Rentenversicherung,
- Versicherungsämter in den Kreisstädten,
- Orts- und Bezirksämter, Bürgermeisteramt,
- Versichertenälteste und
- freie Rentenberater.

Antragsfristen

Die Hinterbliebenenrente sollte innerhalb eines Kalenderjahres, aber keinesfalls später als zwölf Monate nach dem Tod des Mannes beantragt werden, da die Rente rückwirkend höchstens für 12 Monate nachgezahlt wird. Sonst beginnt sie erst mit dem Antragsmonat. Ein schneller Antrag ist auch deshalb nötig, weil damit automatisch der Krankenversicherungsschutz des Rentenberechtigten einsetzt.

Wann wird die Hinterbliebenenrente gekürzt?

Liegt das Nettoeinkommen einer Witwe über DM 1200, wird die Rente um 40 Prozent des Betrags, der diese Summe monatlich übersteigt, gekürzt. Bei einem sehr hohen Einkommen kann das heißen, daß die Witwe überhaupt keine Rente erhält. Manche Einkünfte werden aber nicht angerechnet. Darum sollte man in Zweifelsfällen einen Rentenfachmann befragen.

Im Augenblick gilt für Hinterbliebene, deren Ehe vor dem 1. 1. 1986 geschlossen wurde, bis zum 31. 12. 1995 folgende Sonderregelung:

Im ersten Jahr nach dem Tod des Versicherten wird das eigene Einkommen nicht angerechnet. In den nächsten zwölf Monaten werden zehn Prozent angerechnet.

Unter Umständen kann eine Frau, die vor dem 1. 7. 1977 geschieden wurde, auch eine Witwenrente erhalten. Aber das sollte man bei der Rentenversicherung oder einem Rentenberater überprüfen lassen.

Das »Sterbevierteljahr«

Jede Witwe, egal, ob das eigene Einkommen die Rente kürzt, erhält das »Sterbevierteljahr«.

Da die Bearbeitung der Rente immer etwas Zeit benötigt und dies der Witwe nicht zum Nachteil gereichen soll, bekommt sie eine Vorschußzahlung. Es ist die einmalige Zahlung der Rente von drei Monaten, die dem Mann zu Lebzeiten zugestanden hätte. Diese Summe wird aber so rasch nur an eine Witwe gezahlt, deren Mann schon Rentner war. Die Witwe muß allerdings innerhalb von 20 Tagen nach dem Tod des Mannes bei der Rentenrechnungsstelle den Antrag stellen. Es ist sehr wichtig, diese Frist einzuhalten, da mit dem Eingang dieses Antrags auch die Rentenzahlung an den Mann eingestellt wird.

Normalerweise übernehmen Beerdigungsinstitute die Beantragung. Sie füllen auf einem Postamt ein spezielles Formular, die »Änderungsanzeige im Rentendienst« aus, und legen Sterbeurkunde und Personenstandsdaten und Adresse vor.

Der große Irrtum vieler Frauen liegt darin, zu glauben, sie hätten mit der Ausfüllung des Antrags für das Sterbevierteljahr auch gleich ihre Hinterbliebenenrente beantragt. Aber das erfordert wieder besondere Formulare.

Die Vorschußzahlung

Leider kann die Bearbeitung der Rente ziemlich lange dauern, manchmal ein halbes Jahr oder noch länger, besonders wenn nicht alle Daten bekannt sind und Unterlagen nachgereicht werden müssen. Wenn die Witwe aber bemerkt, daß die Bearbeitung länger dauert und sie in einen finanziellen Engpaß gerät, kann sie hinsichtlich der Hinterbliebenenrente um eine Vorschußzahlung bitten. Dafür wird üblicherweise ein Betrag ausgerechnet, der etwas unter der zu erwartenden Rente liegt, damit es zu keiner Überzahlung kommt.

Bestehen überhaupt keine Einkünfte, müßte sie zur Überbrückung dieser Zeit Hilfe vom Sozialamt fordern.

Die Waisenrente

Eine Waisenrente erhalten alle Kinder, ehelich oder nichtehelich (wenn der Versicherte der Vater war), alle Stiefkinder sowie Enkel und Geschwister des Verstorbenen, wenn sie im Hause leben oder überwiegend unterhalten werden. Dies gilt auch für Pflegekinder.

Die Waisenrente wird grundsätzlich bis zur Vollendung des 18. Lebensjahres gezahlt. Ein Anspruch bis zum 27. Lebensjahr besteht,

- sofern eine Schul- oder Berufsausbildung vorliegt
- wenn das Kind ein freiwilliges soziales Jahr geleistet hat oder
- wegen Gebrechlichkeit nicht selbst für sich sorgen kann.

Wird die Berufsausbildung durch den Wehr- oder Zivildienst verzögert, könnte sogar bis zum 29. Lebensjahr die Zahlung von Halbwaisenrente möglich sein.

Hat das Kind aber ein eigenes Einkommen oder bekommt es Unterhaltszahlungen aus anderen Quellen und ist über 18 Jahre alt, so kann die Waisenrente auch gekürzt werden.

Die Abfindung

Heiratet eine Witwe wieder, bekommt sie von der gesetzlichen Rentenversicherung eine Abfindung, da ihre Hinterbliebenenrente durch den Weg zum Standesamt wegfällt. Es wird einmalig das Vierundzwanzigfache der zuletzt gezahlten Rente ausgezahlt. Entschließt man sich zu diesem Schritt, muß obige Abfindung beantragt werden, wobei die neue Heiratsurkunde dem Rentenversicherungsträger vorzulegen ist.

Stirbt auch der zweite Ehemann und fällt seine Rente niedriger aus als die des ersten Mannes, kann die Witwe unter Umständen die erste Rente wieder aufleben lassen. Solche Spezialfälle sollte man immer von einem Rentenexperten prüfen lassen.

Kreditinstitute

Oft ist sich die Witwe nicht sicher, ob sie an das Konto ihres Mannes herankommt.

In Deutschland braucht sie nichts zu befürchten, wenn sie:

- eine Vollmacht über den Tod hinaus
- oder eine Vollmacht für den Todesfall hat.

Bei Vollmacht über den Tod hinaus kann zu Lebzeiten und nach dem Tod des Kontoinhabers über das Konto verfügt werden.

Existiert eine Vollmacht für den Todesfall, so tritt diese erst in Kraft, nachdem der Kontoinhaber verstorben ist. Man muß sich bei der Bank mit der Sterbeurkunde und dem Paß oder dem Personalausweis legitimieren. Es besteht nicht die Verpflichtung, der Bank den Tod des Partners mitzuteilen. Trotzdem empfiehlt sich diese Mitteilung, da die Bank es doch meistens von anderen Kunden oder durch Anzeigen erfährt. Das Kreditinstitut könnte vielleicht besonders vorsichtig reagieren, wenn man es nicht unterrichtet.

Welche Konten werden von Ehepaaren oder nichtehelich zusammenlebenden Paaren am häufigsten gebraucht, und was muß man nach dem Tod des Partners beachten? Das wären das Einzelkonto und das Gemeinschaftskonto.

Das Einzelkonto

Das Einzelkonto ist nur auf einen Namen bzw. Kontoinhaber ausgestellt. Wenn dies nun der Name des Ehemannes oder Partners ist, muß man nach dessen Tod stets ein neues Konto auf den eigenen Namen eröffnen, auch wenn man eine Vollmacht besitzt. Die Hinterbliebenenrente z. B. wird nur auf das eigene Konto überwiesen.

Das Gemeinschaftskonto

Bei einem Gemeinschafts-, auch Oderkonto genannt, werden beide Namen als Kontoinhaber geführt, und beide Kontoinhaber können einzeln darüber verfügen. Bei manchen Kreditinstituten wird nach dem Tod des Partners nur der Name des Verstorbenen herausgenommen, und die Hinterbliebene kann das Konto allein weiterführen. Andere Banken verfahren wie bei einem Einzelkonto, das auf den Namen des Verstorbenen lief. Dann muß ebenfalls ein neues Konto eröffnet werden. Um Zahlungsempfänger zu informieren, haben manche Banken Benachrichtigungskarten, in die man seinen Namen, die neue und alte Kontonummer und den Einzugsberechtigten einträgt.

Bei *Wertpapierdepots* verhält es sich wie bei einem Giro- oder Sparkonto. Es gibt ein Einzel- oder Gemeinschaftsdepot; eine zu Lebzeiten erteilte Vollmacht geht auch immer über den Tod hinaus. Für ein *Bankschließfach* ist eine spezielle Vollmacht nötig. Bei einigen Kreditinstituten kommt man nicht ohne ein spezielles Kennwort oder eine Zahlenkombination, und natürlich den Schlüssel, an den Safe.

Achtung: Durch eine Vollmacht allein ist man nicht Erbe des Kontos. Hat die Bevollmächtigte das Geld des Kontos abgehoben, können die Erben eine Rückzahlung des abgehobenen Geldes verlangen. Auch löschen darf eine Bevollmächtigte das Konto nicht. Dazu braucht sie einen Erbnachweis.
Hatte die Witwe jedoch keine Vollmacht und war sie der Bank vielleicht nicht einmal bekannt, sollte man als Erbe folgende Erblegitimation mitbringen:
- die Sterbeurkunde,
- den Ausweis,
- den Erbschein oder das eröffnete Testament mit dem Eröffnungsprotokoll.

Man erbt nicht immer allein, sondern häufig mit anderen Erben zusammen und bildet dann eine Erbengemeinschaft. Um das Geld vom Bankkonto abheben zu können, müssen entweder alle Erben mit dem gemeinschaftlichen Erbschein und ihren Ausweisen bei der Bank erscheinen, oder aber sie bevollmächtigen einen Erben, den Vorgang für sie abzuwickeln. Hier verlangt die Bank die beglaubigte Unterschrift aller Miterben. Diese Unterschrift kann man sich von seinem Kreditinstitut, aber auch von jeder öffentlichen Behörde, z. B. dem Bezirksamt oder dem Einwohnermeldeamt, bestätigen lassen. Man braucht deswegen keinen Notar aufzusuchen. Fragen Sie Ihr Geldinstitut, ob es für die Vollmachterteilung zur Nachlaßabwicklung einen Vordruck gibt. Ihre Bank bestätigt die Unterschrift der Vollmacht, und damit wird sie auch von dem Geldinstitut, bei dem man das Geld des Nachlasses abheben will, anerkannt.

Welche Informationen erhält die Finanzbehörde für die Erbschaftsteuer von den Banken?

Das gesamte Vermögen, das bei der Bank vorliegt, muß zur Erbschaftsteuer angemeldet werden. Der Fiskus erfährt die Kontonummer, die Salden der Spar- und Girokonten, Termingelder, Wertpapiere und Hypotheken- oder andere Darlehen. Und zwar wird der Stand vom Tag vor dem Tod des Kontoinhabers angegeben. Vor ein paar Jahren war es noch der Todestag, aber da dann oft rasch noch größere Summen abgehoben wurden, muß jetzt der Abend vor dem Todestag als Zeitpunkt gemeldet werden.

Die Bank meldet auch Schließfächer, doch deren Inhalt ist grundsätzlich geheim.

Der Lernprozeß, allein zu sein

Ist Ihnen das Wort »Trauerarbeit« schon einmal begegnet? Es spukt oft durch die Massenmedien, wird von ernsthaft dreinblickenden Gesprächspartnern im Fernsehen wie ein Gebot gefordert und spielt in der Literatur eine wichtige Rolle. Trauerarbeit – welch ein entsetzliches Wort! Es klingt nach erhobenem Zeigefinger und kühler Kalkulation. Ein Journalist, dessen Glossen in einem deutschen Magazin viel gelesen werden, schrieb ironisch, daß er Leute kenne, die außer Trauerarbeit noch nie einen Handschlag getan hätten. Auch ihm schien dieses hochtrabende Wort verdächtig zu sein.

Wer bewußt an die Trauer herangeht, der ist auch fähig, sich mit ihr auseinanderzusetzen. Aber wer kann das schon im ersten Stadium eines abrupt veränderten Lebens? Gerade zu diesem Zeitpunkt fehlt dem Trauernden der Abstand zum Geschehen, die Fähigkeit, sich selbst aus der Traurigkeit zu lösen und alles Gegenwärtige nüchtern zu betrachten. Wo der Schmerz vorherrscht, steht die Subjektivität im Vordergrund, das Ich sieht sich isoliert und allein. Wer kann da Trauerarbeit leisten? Auch die beste Leistungsgesellschaft hat kein Rezept anzubieten, und alles, was darüber geschrieben wurde, mag berechtigt und klug sein, aber es kommt in dem Moment, in dem man in dieser Situation ist, nicht an. Erst sehr viel später ist man in der Lage, rückblickend die einzelnen Stadien der Entwicklung zu erkennen und zu »verarbeiten«, wenn es denn wirklich Arbeit ist.

Die Tatsache, daß man keinen Abstand findet, daß man völlig unfähig ist, sich selbst und sein Schicksal von außen zu betrachten, bewirkt eine innere Isolation, die viele Gefahren birgt. Vereinsamung droht, Selbstmitleid entwickelt sich, Ungerechtigkeit im Urteil über das Verhalten der Mitmenschen und schließlich Bitterkeit und die Haltung des Unverstandenen, der die unsichtbare Fahne schwenkt: »Keiner hat mich lieb!« Die Überzeugung, daß das eigene Leid ein absolutes Einzelschicksal wäre und niemand sonst so schwer getroffen worden sei wie man selbst, ist eine Haltung, die in die Sackgasse führt.

»Der Alltag geht weiter« und »Die Zeit heilt Wunden«, – Aussprüche, die jeder Trauernde oft zu hören bekommt. Aber für die plötzlich alleinstehende Frau hat sich der Alltag gewaltig geändert, und nicht immer heilt die Zeit alle Wunden. Doch sie lehrt, mit ihnen zu leben.

Die Trauernde verändert sich nach dem Tod des Partners

Neue Menschen tauchen im Kreis der Nahestehenden auf, alte Beziehungen können verflachen. Die anfänglichen Helfer, denen man sich so dankbar ausgeliefert hat, können allmählich so hemmend wirken, daß man sie abschütteln möchte, denn sie neigen dazu, den Hilflosen in seinem Stadium zu fixieren. Will man das ändern, dieses Beziehungsmuster lösen, dann stößt man auf Unverständnis, erschrickt und fühlt sich aufs neue isoliert und alleingelassen. Es scheint ein Kreislauf ohne Ende.

Wer kennt nicht die einsatzfreudigen Mitmenschen, die bei traurigen Ereignissen immer hilfsbereit zur Stelle sind, die mit praktischer Klarheit helfen, Entscheidungen zu treffen, und die wirkliche Stützen sind. Aber es kommt der Tag, wo sie beginnen, zur Last zu werden. Doch die eifrigen Nimmermüden spüren oft nicht, daß sie sich nun zurückziehen sollten. Die boshafte Bezeichnung vom »Helfersyndrom« gewinnt konkret Gestalt, und das ist schade!

Wer nach einer langen Partnerschaft lernen muß, allein zu leben, wird sich eine neue Welt erschaffen. Die Trauernde selbst verändert sich, und ihr Bezug zur Umwelt nimmt neue Farben an. Die Trauernde lebt zwar weiter in ihrer alten Umgebung – bis auf den verlorenen Partner sind die Menschen in ihrem Umkreis dieselben geblieben –, und doch bringt die Trauer ein Gefühl der Absonderung und des Ausgestoßenseins mit sich.

Vom Wert der Rituale

Wir haben heutzutage keine Schonzeit mehr, keine Rituale gliedern den Trauernden in ein festes Gefüge ein, wo er sich neu ausrichten kann. Mit gebrochenem Selbstgefühl und momentan orientierungslos werden wir nach viel zu kurzer Zeit wieder in das alltägliche Leben gestoßen, das unserer Grenzsituation so wenig entspricht.

Von dieser Warte aus gesehen sind die Riten in südlichen Ländern oft eine wirkliche Hilfe für die Trauernden. Die Trauerzeiten liegen genau fest, und die Umwelt verhält sich entsprechend. Angehörige jüdischen Glaubens unterliegen ebenfalls einem strengen Ritual: Im Haus des Verstorbenen wird von den nächsten Angehörigen eine Trauerperiode von einer Woche eingehalten. In dieser Zeit verlassen sie ihre Wohnung nicht und sitzen auf dem Boden oder auf niedrigen Stühlen. Nachbarn sorgen für das Essen. Die nächste Periode endet am dreißigsten Tag nach der Beerdigung und hat schon etwas gelockerte Formen im Kontakt mit der Außenwelt. Der Kinder Pflicht ist es, für ihre Eltern ein ganzes Jahr lang Trauer zu tragen und allen fröhlichen Veranstaltungen fern zu bleiben. Genau ein Jahr nach dem Todestag wird die Familie mit den Freunden zum Friedhof pilgern und auf feierliche Weise den Grabstein setzen. Erst dann wird wieder das ganz normale Leben aufgenommen.

Vor allem junge Menschen, die noch nie den Tod eines Nahestehenden erlebt haben, werden derartige Vorschriften als völlig überholt und unsinnig ansehen. Aber wie bei allen durch Jahrhunderte gewachsenen Bräuchen kann man auch hier einen Sinn entdecken, der gar nicht so bedeutungslos und fern von allem praktischen Denken ist. Früher gab es die Großfamilie, in der Geburten, Hochzeiten und Tod streng in ein bestehendes und bewährtes System eingeordnet wurden. Der zur Witwe gewordenen Frau wurde ein ganz bestimmter neuer Platz in der Familie zugewiesen. Je nach Alter bekam sie einen neuen Aufgabenkreis, in den sie unerbittlich hineingestellt wurde, ob sie nun wollte oder nicht. Aber man ließ sie eben nicht allein. Sie war keiner Leere ausgesetzt, sie stand nicht ganz orientierungslos auf sich selbst gestellt in einem völlig veränderten Leben. Die Großfamilie trug und ertrug sie.

Wir leben heute in der Kleinfamilie, in der diese Ordnungen nicht mehr bestehen.

Wer durch die Stufen der Trauer gehen mußte, weiß, wie äußere Richtlinien und Wegweiser in der ersten Zeit der Ratlosigkeit hilfreich sein können; vor allem dann, wenn auch die Mitwelt diese Grenzen kennt und beachtet. In der heutigen Zeit gibt es nur noch wenige diesbezügliche Vorschriften, jeder kann es so halten, wie er will. Doch wir sollten nicht vergessen, daß vorgegebene Riten auch ihre guten Seiten haben können.

Jeder hat das Recht, die äußeren Zeichen seiner Trauer so zu wählen, wie es ihm am besten und angemessensten dünkt. Wir sind daran gewöhnt, die äußeren Symbole einer Trauerzeit sehr individuell zu behandeln oder vielleicht auch völlig zu negieren. Die Toleranz unserer Mitmenschen verpflichtet uns in dieser Hinsicht zu nichts mehr. Aber wie jede Freiheit bringt auch diese Befreiung von althergebrachten Riten nicht nur Erleichterung.

Die neue Situation annehmen

Der erste Schritt, mit der Trauer zu leben und dadurch mit ihr »fertig« zu werden, ist, die neue Situation anzunehmen. Wenn man fähig ist, über sein Ich hinauszusehen und das eigene Schicksal als ein Beispiel von vielen zu verstehen, dann ist der Weg zu einem neuen Selbstverständnis gefunden. Nun heißt es, sich auf diesem neuen Weg Schritt für Schritt voranzutasten. Jeder Mensch geht anders mit seinem Leid um, jede Frau reagiert in verschiedener Form auf den Verlust des Partners. Und doch gibt es ein Muster, das zeigt, wie ähnlich die Probleme sind und wie austauschbar die Schwierigkeiten.

Verschiedene Phasen der Trauer

Nach dem Tod eines vertrauten Angehörigen reagieren die meisten Menschen zuerst wie automatisch und scheinen nach außen hin ganz beherrscht und vernünftig. Der Tod wird noch nicht voll begriffen und in die eigene Wirklichkeit einbezogen.

Die nächste Phase umfaßt die Zeit, da man die Realität des Geschehens allmählich begreift und nicht fähig ist, damit zu leben.

Man ist verwirrt, unentschlossen und handelt irrational. Wenn später die Betroffenen und ihre Mitmenschen gerade beginnen zu glauben, daß die Alleingebliebenen alles verhältnismäßig gut unter Kontrolle haben, dann gerade kommt oft der Einbruch, die Phase der Emotionen, der verzweifelten Gefühlsausbrüche und der emotionell bedingten unberechenbaren Handlungen. Der Trauernde richtet sich nach innen und ist besonders sensibel. Er möchte mit dem Toten zu einer alle Trennung auflösenden Symbiose gelangen. Mitunter kann es in dieser Phase geschehen, daß ein unerklärliches Glücksgefühl des Eins-Seins aufkommt, wie es im gemeinsamen Leben so innig nie möglich war. Auch das ist natürlich und entspricht der plötzlichen Erschütterung des Ich-Bewußtseins, die eigene Begrenzung ging vorübergehend verloren. Diese übertriebene Wendung nach innen geht allerdings Hand in Hand mit einer Ausweitung der Persönlichkeit.

Sehr oft ist die nächste Stufe auf dem Weg zur Weiterentwicklung die Phase der Wut, der Vorwürfe gegen alle und alles. Trotz und Schuldgefühl mit Selbstbeschuldigungen und Anklagen gegen die Außenwelt lösen die Zeit der Verwirrung ab, und darauf folgen dann häufig Depressionen, ein Einbruch des Selbstvertrauens und heftige Zukunftssorgen: Wie soll bloß alles werden? Mehr oder weniger intensiv machen alle Trauernden diese Phasen durch. Am Ende steht dann die Phase, in der man lernt, die neue Wirklichkeit anzunehmen und mit ihr umzugehen. Dann beginnt man, sein Leben neu zu gestalten. Es ist ein Aufbruch zu neuen Ufern.

Kein Mensch läßt sich in eine Schablone pressen und wird so reagieren, daß man alle Phasen voraussagen kann. Aber in Gesprächen mit Hinterbliebenen bestätigt sich der Eindruck, daß die Erlebnisse und Reaktionen ähnlich sind.

Wir wollen uns hier nicht anmaßen, ein Rezept zur Überwindung der Trauer zusammenzubrauen. Das gibt es nicht! So problemlos sich die praktisch notwendigen Schritte niederschreiben lassen, wie sie in dem vorangegangenen Kapitel zusammengestellt wurden, so schwierig ist es, persönliche Erfahrungen auszuwerten, gleichzeitig aber auch eigene Erlebnisse soweit auszuklammern, daß daraus eine Deutung für die bestmögliche Verhaltensweise abgeleitet werden könnte.

Welche Verhaltensmuster beobachtet man bei alleingebliebenen Frauen?

Die Bezeichnung »Muster« soll Sie hier nicht stören. Jede Verallgemeinerung ist gefährlich und trifft nie das, was einem Menschen in diesem Zustand helfen kann. Aber es muß doch seinen Grund haben, daß besonders Witwen, die das Leben ohne ihren Partner schon seit einigen Jahren gelernt haben, für die anderen, die mit diesem Schicksal neu konfrontiert sind, die besten Zuhörer und Ratgeber sind.

Bei der Erledigung behördlicher Dinge, wo sich Formulare häufen und Termine drängen, ist man in einen Ablauf eingespannt, bei dem sich eine Notwendigkeit aus der anderen ergibt. Aber wie das Leben zu Hause weitergeht, das wird nicht vorgegeben. Wenn sich die Wohnungstür hinter Ihnen schließt, stehen Sie allein in der Leere und müssen sich aufraffen weiterzugehen.

Lassen Sie uns die vielen möglichen Stolpersteine auf diesem Weg der Neuorientierung betrachten. Es gibt einige bewährte Hilfsmittel, um das Gefühl des Alleinseins zu dämpfen, zum Beispiel wenn man in die leere Wohnung zurückkommt. Läßt man beim Weggehen den Radioapparat leise weiterlaufen, dann hört man immerhin etwas Vertrautes bei der Heimkehr. Ebenso fällt es viel leichter, eine nicht ganz dunkle Wohnung vorzufinden, wenn man abends die Tür aufschließt. Warum also nicht eine heimelige Lampe irgendwo brennen lassen, bevor man weggeht? Das erste, was eine Freundin tat, die unter der Einsamkeit besonders litt, war die Installierung eines Anrufbeantworters. Kam sie nach Hause und hörte sich an, wer da nach dem berühmten Piepton seine Nachricht für sie hinterlassen hatte, dann freute sie sich sogar über die Stimme des Handwerkers, selbst wenn er ihr mitteilte, daß er nun doch erst in der kommenden Woche Zeit für sie habe. Sie hörte die Stimmen der Bekannten und Freunde und wußte, daß man an sie gedacht hatte. Und zwinkernd gestand sie zudem, daß nun niemand mehr behaupten könne, man habe ja unendliche Male erfolglos versucht, sie anzurufen, aber offenbar ginge es ihr ja recht gut, denn sie sei nie erreichbar. Wer kennt sie nicht, diese frommen Lügen!

Wie schaffe ich es, daß der Verstorbene mit mir weiterlebt, ohne zum bedrückenden Schatten zu werden?

Da gibt es Fälle, wo der Name des toten Partners aus Angst vor neu aufwallenden Gefühlen aus den Gesprächen verbannt wird und sich keiner traut, ihn zu erwähnen. Das bringt zwar die notwendig gewordene Abgrenzung, aber es läßt der Trauer keinen echten Raum und kann in der Verdrängung von Erinnerungen enden. Daraus entstehen manchmal noch viele Jahre später psychosomatische Krankheiten und Depressionen. Viel besser ist es, man versucht, den Verstorbenen im Gespräch weiter mitleben zu lassen, auch wenn das anfänglich immer wieder Wunden aufreißt. Die Fälle, wo bei Tisch der Platz des Toten gedeckt wird und seine Abwesenheit ständig wie ein Schatten auf den anderen lastet, gehören wahrscheinlich der Vergangenheit oder der Literatur an, doch die Versuchung der falschen Emphase liegt immer nahe.

Natürlich wird sein Bild da stehen, wo wir es oft sehen können, natürlich macht es Freude, frische Blumen daneben zu stellen, aber muß der Platz zum Altar werden, der die Besucher beklemmt? Suchen Sie sich ein fröhliches Bild aus, eine Erinnerung an eine ganz besonders glückliche Stunde, ein Ferienphoto, auf dem er lacht. Photographen können wahre Wunder vollbringen, wenn man sie bittet, aus Gruppenaufnahmen etwas herauszukopieren und zu vergrößern.

Wie schnell, wie endgültig trenne ich mich von seinen persönlichen Sachen?

Wie tief soll dieser Schnitt gehen, und wann bin ich zu dieser schmerzlichen Arbeit bereit?

Von der Königin Victoria von England wird berichtet, daß sie nach dem Tod des Prinzgemahls Albert, mit dem sie eine sehr glückliche Ehe führte, noch viele Jahre lang tagtäglich sein Rasierzeug und seine Kleidung zurechtlegen ließ. Das erstaunt bei dieser als resolut bekannten Herrscherin; aber wer weiß, was sie dazu bewog.

Soll man die persönlichen Gebrauchsgegenstände ordnen, sichten und zusammenpacken? Soll man die Anzüge aus dem Schrank nehmen und weggeben? Wohin mit den vielen kleinen

Dingen, die in seinem Besitz waren, an ihn erinnern und immer nur traurig machen?

Manche Frauen fühlen sich wie erlöst, wenn sie die Schränke geleert haben und nicht täglich von neuem mit der Erinnerung konfrontiert werden. Andere brauchen diese Zuflucht in die Vergangenheit, um sich durch Gerüche und Berühren des noch Faßbaren vom Unfaßbaren zu überzeugen.

Wenn man sich entschließt, Kleidungsstücke wegzugeben, damit sie bedürftigen Menschen vielleicht noch nützen können, dann sollte man das Aussortieren auf keinen Fall allein beginnen. Mit der tatkräftigen Hilfe einer guten Freundin ist das viel leichter zu schaffen. Bei der Entscheidung, von welchen Dingen man sich trennen will, hilft vielleicht die Überlegung, was wohl der Verstorbene selbst für angemessen gehalten hätte.

Ein prosaischer Rat: Halten Sie es nicht mit der Königin Victoria, sondern beginnen Sie mit dem Badezimmer. Das ist der Ort, den Sie täglich mehrmals betreten und wo die persönlichen Dinge so lebendig wirken, daß man sich vor allem auf diesem kleinen Raum davon befreien sollte. Man sollte die alltäglichen kleinen Gebrauchsgegenstände nicht mit in den neuen Lebensabschnitt nehmen. Anders verhält es sich wahrscheinlich mit persönlichen Erinnerungsstücken, die man weiterhin in seiner Nähe behalten möchte.

Niemand kann von sich sagen, wie er reagieren würde, niemand sollte sich daher ein Urteil erlauben, was richtig oder falsch ist. Die eine Frau braucht noch lange die altvertraute Umgebung, richtet sich vorläufig zu einem Leben mit dem »Früher« ein und schöpft Kraft aus der Vergangenheit. Die andere empfindet es als eine Befreiung, wenn sie aufgeräumt hat, wenn sie nur noch in der Umgebung lebt, die sie für sich selbst schaffen will.

Denken Sie beim Sichten und Sortieren an die Familie des Verstorbenen. Keine Witwe möge vergessen, daß ihr Partner auch das Kind von Eltern war, die vielleicht noch leben, daß er Geschwister hatte, die sich über ein persönliches Andenken an den Bruder freuen, daß er Freunde hatte, die ihm vielleicht einmal etwas schenkten, was für sie nun eine Erinnerung sein könnte.

Man steht ja nicht allein mit seiner Trauer um diesen Menschen, es sind auch noch andere da, die ihn lieb hatten und mit denen ihn Vertrautheit verband.

Vom Umgang mit Kondolenzbriefen

Seien Sie nicht zu schnell mit Ihren Entscheidungen, sondern verpacken Sie lieber manches in einen großen Karton, der später und auch immer wieder geöffnet werden kann. Glauben Sie es bitte: Es kommt die Zeit, da Sie ohne beißenden Kummer diese Dinge liebevoll durch Ihre Hände gleiten lassen werden.

Das trifft auch für die Kondolenzbriefe zu. Die Post, die ins Haus flatterte, muß gelesen werden. Aber wann? Meist hat man die Briefe in den ersten unruhigen Tagen kurz überflogen und dann weggelegt, weil es zu schwer fiel, alles zu lesen. Nun aber sollte man doch wissen, wer besonders verständnisvoll geschrieben hat, wer aus seinen Worten erkennen ließ, daß er den Toten gut kannte und vielleicht später noch viel von ihm erzählen kann, und wem man selbst zusätzlich zu der gedruckten Danksagung noch ein paar Zeilen schreiben möchte. Man sollte diese Briefe nicht vernichten, denn es könnte die Zeit kommen, wo man sie wieder lesen möchte und auch ohne Wehmut lesen kann. Für die erwachsen gewordenen Kinder sind solche Zeilen unter Umständen ein Schlüssel zu dem Verständnis, welches Bild die Freunde von ihrem Vater hatten. Für sie könnte es interessant sein, den Vater mit den Augen seiner Umgebung zu sehen. Jetzt aber, im ersten Jahr nach dem Todesfall, sollten Sie diese Post nicht zu gründlich und möglichst nicht am Abend lesen. Tun Sie es nach und nach und denken Sie dabei an die, die geschrieben haben, und aus welcher Perspektive diese Menschen Ihren Partner schildern.

Stören Sie sich nicht daran, daß – oft aus Verlegenheit um die rechten Worte – nirgends so viele Klischees gebraucht werden wie in Beileidsbriefen. Manchmal werden Sie jedoch Perlen von Sätzen finden, die Sie Ihr Leben lang nicht mehr vergessen, und für die Sie auch dem Schreiber immer dankbar sein werden. Daß diese Zeilen oft von einer Seite kommen, von der man es überhaupt nicht erwartet hätte, scheint überraschend, aber es wird immer wieder bestätigt. Und manchmal entstehen aus solchen Briefen neue freundschaftliche Bande. Nehmen Sie sich innere und äußere Ruhe für die Lektüre und suchen Sie sich eine möglichst freundliche Umgebung aus. Warten Sie, bis die Sonne scheint.

Manche Frauen sinken in der ersten Zeit nach dem Tod des Partners in eine schier unüberwindliche Lethargie. Nichts macht ihnen mehr Freude, sie können sich nicht aufraffen, ihr Leben in die Hand zu nehmen. Andere hingegen verfallen einer fieberhaften Aktivität, der »Geschäftigkeit wider den Tod«. Beiden gemeinsam aber ist die Ziellosigkeit. Die alleinstehende Frau hat ihren Platz in der Mitwelt verloren, alles ist ihr fremd und beziehungslos geworden.

Dann entwickeln sich plötzlich Gefühle von Haß und Zorn. Vorwürfe gegen das Schicksal bauen sich auf, Vergleiche mit all denen, die keinen Verlust erleiden mußten, steigern die Anklage gegen eine unbekannte Institution, die an allem Schuld ist. Schließlich richten sich die zornigen Gedanken auch gegen den Verstorbenen: »... *wie konntest Du mich verlassen, warum hast Du mich in diese Situation gebracht, warum geschieht das alles mit mir, warum ausgerechnet ich?*

Wenn eine Bedeutung hinter all dem Geschehen steckt, wenn unser Leben einen Sinn hat, dann ist dieser böse und feindlich gegen mich gerichtet; ist aber alles nur ein pures Geworfensein, dann hat die ganze Existenz keinen Wert mehr, ist für mich sinnlos geworden.« Und immer wieder die Rückkehr zu dem Vorwurf: »*Du hast mich allein gelassen!*«

Wenn daraus nicht Bitterkeit erwächst, so melden sich eines Tages die Schuldgefühle. Über Schuldgefühle können Sie mit jeder Frau sprechen, die ihren Lebenspartner verloren hat. Jede, die fähig ist, ehrlich über ihre durchlaufenen Entwicklungsstufen zu sprechen, wird Ihnen davon erzählen, wie sehr sie von solchen Empfindungen gequält wurde. Das können ganz harmlose Dinge sein. Beispielsweise: »*Ich versuche immer, mir sein Gesicht vorzustellen, aber es gelingt mir nicht. Mein Gott, ich weiß gar nicht mehr, wie er mich angeschaut hat!*«

»Warum bin ich nicht mehr fähig, den Klang seiner Stimme zu hören. Der war mir doch sonst immer gegenwärtig, auch wenn ich allein war.«

»Ich habe geträumt, wir würden uns streiten, und ich machte ihm schreckliche Vorwürfe; aber warum? Das weiß ich nicht mehr.«

Solche und ähnliche Schilderungen hört man oft, und jede Frau, die durch die Phasen der Trauer zu gehen hatte, kennt sie nur zu gut. Man hat sogar ein schlechtes Gewissen, wenn man einmal nach Stunden der Ablenkung plötzlich feststellt, daß man eine Zeitlang gar nicht an ihn gedacht hat, völlig vergaß, was geschehen ist. Dann beginnt man, sich schuldig zu fühlen, fragt sich, ob man denn wie eine normal liebende Frau reagiert, und hält sich für unnatürlich herzlos und kalt.

Dabei gehören all diese Reaktionen zum normalen Ablauf des Prozesses, den Verlust des Partners zu betrauern. Auch die Wut auf das Schicksal ist ein gesunder Vorgang, und wenn sich diese Wut schließlich gegen den Verstorbenen selbst richtet, dann sollte man sich nicht schuldig fühlen, sondern wissen, daß auch das ein Zeichen der Trauer ist auf dem Weg zu einem neuen Ich, zum Aufbau eines neuen Selbstbewußtseins.

»De mortuis nihil nisi bene«
(»Über die Toten soll man nur Gutes sagen«)

Diese uralte ethische Forderung gilt heute noch, obwohl sich diese Einstellung etwas geändert hat. Man rede nichts Schlechtes über einen Toten, man denke nichts Ungutes in der Erinnerung an einen Toten, man halte sein Bild rein, denn er kann sich nicht mehr wehren.

Wir fühlen diese Verpflichtung, aber kann man sich ihr immer beugen? Ist nicht die innere Ehrlichkeit manchmal besser als die Zensur der eigenen Gedanken? Das Ereignis, daß sie Witwe geworden ist, macht aus keiner Frau eine Mutter Teresa; die Tatsache, daß er gestorben ist, macht aus keinem Mann einen Heiligen, und eine durch den Tod gewaltsam abgebrochene Partnerschaft macht aus keiner Zweierbeziehung eine Himmelsgemeinschaft. Daß wir geneigt sind, zu idealisieren und die positiven Seiten des Zusammenlebens in der Rückerinnerung zu erhöhen, das ist natürlich und auch gut so. Aber wir sollten uns nichts vormachen und kein paradiesisches Bild von all dem entwerfen, was wir verloren haben. Denn die nachträgliche Idealisierung der Vergangenheit kann bis zum Selbstbetrug gesteigert werden.

Und weshalb neigt man dazu? Da sind die vielen großen und kleinen Momente, an die wir uns erinnern, da sind die Situationen, in denen wir falsch reagiert haben, da sind eigene Fehler, die uns nachträglich leid tun, und Unterlassungssünden, die wir gern ungeschehen machen würden. Manche alleingebliebene Frau trägt eine richtige Last von Reue mit sich herum, ohne irgend etwas Positives damit bewirken zu können. So wird sie sich vielmehr immer noch tiefer in die schmerzvolle Gegenwart versenken.

Niemand von uns ist vollkommen! Erfahrungen, die wir mit unserer eigenen Unzulänglichkeit in der Vergangenheit gemacht haben, sollten wir als Weichenstellung für ein positives Verhalten mit in die Zukunft nehmen, aber wir sollten sie nicht als Vorwurf und Schuld empfinden und als Lastenbündel in unseren neuen Lebensabschnitt mittragen.

Woher nehmen wir den irrigen Glauben anzunehmen, daß wir alles ganz anders hätten machen können?

Echte Trauer macht sich nichts vor. Sie versucht, das Gegebene anzunehmen und sich zu beugen.

Beugen? Müssen wir nicht stark sein im Leid? Keine Schwächen zeigen, tapfer sein und kämpfen? Wir sind alle so erzogen worden, daß die Vorstellung von »Haltung« als erstrebenswertes Ziel vor uns steht. Das gilt beim Kampf gegen eine vielleicht tödliche Krankheit genauso wie beim Kämpfen gegen die Trauer. In der westlichen Anschauung spukt noch immer der Spruch »Gelobt sci, was hart macht!« Religiöse Ideen aus fremden Kulturkreisen dringen langsam bei uns vor und verkünden eine andere Interpretation von sinnvollem Leben. Genausowenig wie die härteste Morgengymnastik, nach der man völlig erschöpft buchstäblich am Boden liegt und vor der einem schon beim Aufstehen graut, unbedingt auch die wirksamste und gesündeste ist, genausowenig ist die krampfhaft erzwungene Stärke der beste Weg zur Überwindung der Trauer. Eine zeitweilige Hingabe an den Schmerz kann wunderbar erlösend wirken.

Wie verwinden Kinder den Tod des Vaters, und wie kann man ihnen dabei helfen?

Für alle Kinder ist der Tod eines Elternteils eine genau so schlimme Erfahrung wie für Erwachsene. Da man heutzutage alles messen und katalogisieren möchte, wurde auch ein Streßtest für Kinder aufgestellt, in dem 41 verschiedenartige Streßsituationen vom Tod eines Elternteils bis zur Bestrafung fürs Schwindeln nach Punkten bewertet wurden. Der Verlust von Vater oder Mutter durch den Tod steht an oberster Stelle. Dabei spielt das Alter der betroffenen Kinder nur eine geringe Rolle. Jede Mutter, deren Kinder die Erfahrung des Vaterverlustes machen mußten, wird bestätigen, daß Geschwister ganz verschieden reagieren.

In jungen Jahren stehen Kinder dem Phänomen des Todes sehr viel natürlicher gegenüber als Erwachsene. Wer hat sich nicht schon gewundert über kindliche Spiele von Beerdigungen, die mit einer solchen Gründlichkeit zelebriert wurden, daß man das als makaber empfand? Die Furcht oder Scheu vor dem Tod, die in unserem Leben erst auftaucht, wenn wir beginnen, über uns selbst nachzudenken – diese Hemmungen sind bei kleinen Kindern noch nicht vorhanden. Sie werden deshalb auf die Nachricht vom Tod ihres Vaters ganz anders reagieren, als es der Erwachsene erwartet. Man sollte sich als Mutter mit diesem Thema beschäftigen und sich wappnen gegen einen Wall von Fragen, die meist viel direkter und klarer zu beantworten sind, als es einem in dieser Situation liegt.

Von kleinen Kindern wird der Tod nur als Abwesenheit verstanden. Erst im Alter von etwa fünf Jahren wird der Tod zum Ereignis, das jemand anderem zustößt. Da stirbt vielleicht ein Tier, und gleichzeitig kommt bei der Nachbarin ein Baby auf die Welt – das Kind erlebt diese Vorgänge als ganz natürlich. Die Fragen nach dem physischen Werden und Vergehen beginnen, und hin und wieder läßt sich auch schon ein »Warum« hören, aber das ist dann keine Frage nach dem Sinn, sondern eher nach dem Grund des Geschehens.

Im Alter der ersten Schuljahre nimmt der Tod als Gegenpart des Lebens allmählich Gestalt an; das äußere Geschehen, das den Todesfall begleitet, wird interessant, daher die beliebten Beerdigungsspiele, wenn ein totes Tier gefunden wird. Auch Fragen nach dem, was denn nach dem Tod passiert, tauchen auf. Die Fähigkeit, abstrakt zu denken, entwickelt sich nach dem zehnten Lebensjahr. Dann nehmen Kinder auch erst richtig den Schmerz in ihrer Umgebung wahr, wenn ein Todesfall eintritt. Die Vorstellung vom Zerfall des Körpers ist in diesem Alter so unerträglich, daß der Ausweg in den Glauben an eine Unvergänglichkeit gesucht wird. Erst in der Pubertät, in einer Lebensphase, in der die Zweifel einsetzen und die jungen Menschen die Welt mit eigenen Gedanken betrachten, wird der Tod zum Urereignis oder auch zur Bedrohung und manchmal auch beängstigend zum Ziel der Sehnsucht.

Verlegenheitserklärungen vermeiden

Weil Kinder bei der Beschäftigung mit dem Tod meist in anderen Bahnen denken, als Erwachsene annehmen, kann man in der Beantwortung ihrer Fragen viele Fehler machen, die oft viel tiefer gehen, als man als Erwachsener ahnt. Viele gefährliche Mißverständnisse und ihre Folgen können aus unklaren oder ungeschickten Erklärungen resultieren, die man aus Verlegenheit um eine direkte Antwort gegeben hat.

Dazu einige Beispiele: Auf die Frage, warum der Vater fort ist, könnte man viele Antworten ersinnen:

»Er ist für eine lange Zeit verreist« ist eine fromme Lüge, die das Kind von nun an auf die Rückkehr des Vaters warten läßt. Und ein Kind vermag sehr lange zu warten. Wird es dann nie mit der Erfüllung der Hoffnung belohnt, kann viel zerbrechen, was ein Leben lang nicht mehr heilt.

Auf die Frage, wo der Verstorbene sich befindet, fällt einer Mutter meist zuerst die Antwort ein: »im Himmel«. Aber der Widerspruch, weshalb man dann den Verstorbenen auf dem Friedhof besucht, wird nicht erklärt.

Noch schwerer ist die Frage nach dem »Warum« so zu beantworten, daß ein Kind sie in seine Welt einordnen könnte. »Es ist Gottes Wille« kann zur Vorstellung eines bitterbösen strafenden Gottes führen; »weil er sehr krank war« erweckt die quälende Vorstellung, daß der Tod jeder Krankheit folgt. Aus der gleichen

Analogiebildung heraus wird oft das Krankenhaus, in dem die Menschen sterben, mit Tod und Sterben gleichgesetzt. Ein kleiner Junge, der vom Großvater die sachte und gutgemeinte Erklärung erhalten hatte, daß Sterben so ähnlich wie ein ganz tiefes Schlafen sei (weil der Kleine den Eindruck der schmerzgeplagten Großmutter vergessen sollte), litt später lange Zeit an schweren Schlafstörungen. Erst einem Therapeuten gelang es, die Angst dieses Kindes zu entdecken, daß es im Schlaf in den Tod geraten könnte.

Wie machen Sie es also richtig?

Kinder, die von sich aus mit ihren Fragen kommen und alles genau wissen wollen, erleichtern das Gespräch über Todesthemen sehr. Aber wo von selbst keine Fragen gestellt werden, muß man die Gelegenheit zum Sprechen suchen. Meist wollen Kinder nur knappe Antworten auf ihre Fragen, aber sie müssen klar sein. Wann immer Sie gefragt werden, weichen Sie nicht aus! Antworten Sie nicht mit verschwommenen Erklärungen, sondern geben Sie Auskunft, so gut Sie es eben können und im Vertrauen auf das Verhältnis zwischen Ihnen und Ihren Kindern. Vieles wächst da auch von selbst an Erkenntnissen, wenn die Zeit reif ist.

Wichtig ist vor allem, daß die Kinder nie das Gefühl haben, die Mutter wolle nicht gefragt werden oder verheimliche etwas vor ihnen. Sie sollten auch fühlen dürfen, daß sie mit allen Problemen zu ihr kommen können und sie nicht schonen müssen, weil sie doch selbst so traurig ist. Das Traurigsein zusammen mit den Kindern ist wichtig. Ein Sich-Abschließen oder gar Ausschließen aus ihrer immer wieder lautwerdenden unbekümmerten Alltagswelt ist für die Kinder schwer zu ertragen. Dann haben sie das Gefühl, nicht nur den Vater, sondern nun auch noch die Mutter verloren zu haben!

Die Mutter ist nun die Alleinerziehende

Das Verhältnis zu den Kindern erhält natürlich eine andere Dimension, wenn die Mutter nun die Alleinerziehende ist. Sie sollte ihre Alltagssorgen ruhig mit den Kindern besprechen und sie auch am vielleicht nötig gewordenen Sparprogramm beteiligen. Kinder verstehen solche Maßnahmen viel besser, als man oft glaubt. Der Gedanke, die armen Halbwaisen nun doch wenigstens vor den Folgen, die die Familie treffen, weitgehend zu schützen, ist fehl am Platz. Allerdings sollten solche Erklärungen eingehend und liebevoll sein und niemals als Drohungen und Mahnungen mißbraucht werden. So wie die Kinder bei der Beerdigung miteinbezogen werden sollten, soll man sie auch an der Trauer teilnehmen lassen und ihnen nicht die superstarke Mutter vorgaukeln, wenn man gerade verzweifelt ist. Aber hüten Sie sich davor, von Ihren Kindern große Rücksicht zu erwarten oder gar zu verlangen. Lassen Sie den Vater im Gespräch und in den Erinnerungen weiter mitleben und sprechen Sie viel von ihm. Aber machen Sie ihn nicht zum unerreichbaren Vorbild und zur ewigen Mahnfigur. Das kann den Kindern nur schaden.

In den ersten Wochen des Alleinseins wächst auch die Gefahr, daß man sich in der kleinen Familie einigelt und dieses an sich so schöne und dringend benötigte Zusammengehörigkeitsgefühl zu sehr strapaziert. Die Kinder dürfen nicht den Eindruck bekommen, daß sie mit der Mutter allein in einer feindlichen Welt stehen, andererseits sollten sie auch nicht die Gelegenheit bekommen, ihre Mutter als Alleinbesitz zu betrachten. Daraus kann einerseits ein übersteigertes und später belastendes Verantwortungsgefühl gegenüber der Mutter resultieren, andererseits können sich Probleme einstellen, falls die Mama später jemals daran denken sollte, sich einem neuen Lebenspartner zuzuwenden. In diesem Fall werden die Sprößlinge ohnehin immer eine gewichtige Rolle spielen.
Leben Sie mit Ihren Kindern so weiter, wie Sie es vorher in der vollständigen Familie taten. Lassen Sie Ihren fehlenden Partner im Gespräch öfter anwesend sein, und wundern Sie sich nicht, wenn von seiten der Kinder manchmal erstaunliche Bemerkungen fallen, wie: »Gut, daß er das nicht mehr sehen kann!« Das ist nicht böse oder herzlos gemeint, sondern entspricht einfach den Tatsachen. In solchen Fällen sollte man die Natürlichkeit von Kindern zu seinem eigenen Maßstab machen.

Wenn Mütter von ihren Gesprächen mit den Kindern in der ersten Zeit nach dem Tod des Vaters erzählen, dann stellt man fest, wie trostreich es für sie war, wenn ihre Kinder unerwartet realistisch reagierten: Gefragt, warum sie so traurig sei, erklärte die Mutter, daß sie wegen Vaters Tod weine. »Ach, immer noch deshalb . . .« ist aus der Sicht eines Kindes im frühen Schulalter eine ganz typische Antwort. Auch die ungehemmt vorgebrachten Überlegungen, was nun wohl von Vaters Sachen in ihren Besitz übergehen könne, darf man nicht als Lieblosigkeit interpretieren. Aus solchen Äußerungen spricht einfach praktisches Denken.

Macht man den Vater zum Heiligen und zitiert bei jeder Gelegenheit seine Worte, vor allem dann, wenn man selbst eine Rückendeckung braucht, dann kommt mit Sicherheit irgendwann in ferner Zukunft der Vorwurf, man habe aus dem Vater eine belastende Vorbildfigur geschaffen statt eines lebendigen Ratgebers und Helfers. Ständig alles, was geschieht, auf den Verstorbenen zu beziehen und an seiner vermeintlichen Stellungnahme zu messen, ist vielleicht manchmal eine große Versuchung und ermöglicht ein Ausweichen vor eigenen Entscheidungen, aber die Ansichten, Worte und Briefe des Vaters dürfen nicht zur Doktrin erhoben werden! Manche Mutter macht aus dem toten Vater den Buhmann für alle die Fälle, wo sie allein nicht den Mut hat, klare Entscheidungen durchzusetzen und sich zu behaupten.

Wenn die Kinder keine Kinder mehr sind . . .

Wenn die Kinder schon junge Menschen sind, können sie sehr gut begreifen, welche Lücke in die Familie gerissen wurde.

Zeit ist das Wichtigste, was Sie jetzt für sie haben müssen, und genau die steht Ihnen nicht immer zur Verfügung. Im Grund müßte man mit jedem seiner Kinder anders umgehen, denn sie haben alle ihre eigene Art, den Schmerz zu verkraften. Die Gefahr, daß sie sich in dieser Zeit innerlich und äußerlich absondern und nur noch schwer zugänglich sind, ist groß. Manche Jugendliche verstummen erst einmal völlig. Es wäre ganz falsch, aus diesem Schweigen zu schließen, sie vermißten den Vater nicht so sehr oder sein Tod hätte sie nicht so tief erschüttert wie jene, die von Herzen weinen und ihren Emotionen freien Lauf lassen.

Kinder, die sich mit ihrer Trauer in ein Schneckenhaus zurückziehen und keinen Trost bei anderen suchen, müssen liebevoll beobachtet werden, damit sie nicht zu Gefangenen ihrer selbstgesuchten Isolation werden. Die Isolation kann zu langewährenden seelischen Nöten führen, die erst viele Jahre später aufbrechen.

Laut durch das Haus dröhnende Popmusik, ständige Diskobesuche und provozierendes Benehmen werden oft falsch verstanden. Die ohnehin schon genug strapazierte Mutter wundert sich, daß jemand aus ihrer Familie so »herzlos« über diesen Schicksalsschlag hinweggehen kann; oft übersieht sie dabei, daß diese vermeintliche Oberflächlichkeit nur ein Ventil ist, ein Versuch, mit der eigenen inneren Not fertig zu werden.

Es kommt auch häufiger zu Wortgefechten oder Streit. Alle sind gereizt und reizbar, und die Stimmung ist ständig kurz vor der Explosion. Dabei sehnt man sich mehr als je zuvor nach Ruhe und Harmonie. Die Gefahr wächst, daß Vorwürfe laut werden und die Jugendlichen verstärkt das Gefühl haben, unverstanden und mit ihrem Kummer ganz allein zu sein. Dabei wäre es so einfach, über alles zu sprechen und sich gegenseitig einzugestehen, daß man eben mit der momentanen Situation nicht fertig wird.

Die Leistungen in der Schule weisen in den Wochen nach dem Tod eines Elternteils normalerweise einen starken Knick nach unten auf; die Lehrer stellen Konzentrationsschwächen fest, und die Zeugnisse fallen dementsprechend aus. Mit gutem Zureden, selbst mit gutem Willen des Kindes, ist da nicht viel zu machen. Man kann nur immer wieder versuchen, miteinander im Gespräch zu bleiben.

Häufig wird beobachtet, daß Töchter nach dem Tod des Vaters plötzlich ihre Eßgewohnheiten drastisch ändern und entweder hemmungslos futtern oder nur noch winzige Portionen zu sich nehmen. Viele Mädchen laufen dann Gefahr, an Eß- oder Magersucht zu erkranken. Eß- oder Magersucht bei jungen Mädchen ist meist psychisch bedingt; oft ist die Hilfe eines Psychotherapeuten nötig, um diese Suchtform wieder ablegen zu können.

Um all dem vorzubeugen oder zu begegnen, sollte man vor allem immer das offene Gespräch suchen und den Kindern ohne verpflichtenden oder vorwurfsvollen Unterton klar machen, wie es in einem selbst aussieht, und daß jeder einzelne auf seine Weise durch diese Zeit der Trauer gehen muß, daß man aber im selben Boot sitzt und den Kummer gemeinsam trägt. Das ist leichter gesagt als getan, denn in diesen Wochen fehlt der Abstand zum Geschehenen, und man kann sich selbst selten so weit von der eigenen Verzweiflung distanzieren, daß man den Überblick behalten und ruhig die Lage erörtern könnte.

In dieser belastenden häuslichen Atmosphäre helfen den Kindern ihre Freunde, die jetzt so oft wie möglich ins Haus kommen sollten. Es tut gut, wenn sie mit nach Hause kommen und »etwas Leben in die Bude bringen«. Sie repräsentieren Normalität und zeitliche Kontinuität (schließlich waren sie früher auch schon da) für die Kinder. Mit ihren Freunden können sie genauso umgehen wie bisher und finden dadurch in ihrer Welt einen Winkel, der vom Verlust des Vaters unberührt geblieben ist. Denn während sich für die Ehefrau des Verstorbenen so ziemlich alles in ihrer privaten Umgebung ändert, bleibt für die Kinder einiges davon unzerstört. Dieses Umfeld sollte man ihnen nach Möglichkeit erhalten und öffnen, so weit es geht.

Vielleicht waren Sie mit dem Vater Ihrer Kinder nie verheiratet, dies ändert nichts am Erleben seines Todes für Sie und die gemeinsamen Kinder. Sind Sie jedoch nun mit seinen Kindern aus einer anderen Verbindung alleingeblieben, dann liegt es an Ihnen, den Kindern zu zeigen, daß der Schmerz, der Sie gemeinsam traf, eine Bindung für das ganze Leben sein kann, und daß Sie, als die Frau an der Seite ihres Vaters, sich auch seinen Kindern verbunden fühlen. Denn sie sind ja ein Teil von ihm.

Zwingen Sie Ihre Kinder nie, Sie zum Friedhof zu begleiten, wenn der Vorschlag nicht von allein kommt. Die Weigerung kann so viele Ursachen haben. Aber wenn die Kinder von sich aus den Vorschlag machen mitzukommen, dann sollten Sie auch deutlich zeigen, wie sehr Sie sich darüber freuen und was Ihnen dieses Angebot bedeutet. Ein solcher Weg muß nicht unbedingt zum traurigen Pilgergang werden:

Wir haben zum Beispiel zusammen die Grabsteine angeschaut, an denen wir vorbeigekommen sind, und beurteilt, welche wir schön fanden und welche uns entsetzlich schienen. Die Gespräche, warum und weshalb dem einen dies, dem anderen das mißfiel, nahmen die Beklemmung und die traurigen Assoziationen, und manchmal hatten wir sogar Spaß bei der Betrachtung von weinenden Engelchen, sich in Verzweiflung windenden Frauengestalten oder würdevollen uniformierten Herren, die für ewig still auf ihrem Sockel saßen.

Die Pflege des Grabes

Wenn Sie die Pflege des Grabes selbst übernehmen wollen, seien Sie sich darüber im klaren, daß sie mit viel Zeitaufwand und Arbeit verbunden ist. Schauen Sie sich die Nachbargräber an, bevor Sie entscheiden, was gepflanzt werden soll. Das Gedeihen der Bepflanzung hängt sehr von der Lage ab. Einen Gärtnereibetrieb, der die Grabpflege übernehmen kann, findet man sicher in der näheren Umgebung des Friedhofs. Jeder Friedhof hat seine eigene Friedhofsgärtnerei. Falls Sie die Friedhofsgärtnerei beauftragen wollen, wenden Sie sich an die Friedhofsverwaltung. Auch andere Gärtnereien können die Grabpflege übernehmen. (Eine spezielle Friedhofs-Genossenschaft in Bonn bietet sogar eine überwachte Dauergrabpflege an. Das kommt allerdings nur in Frage, wenn man nicht selbst am Ort wohnt, wenn man mindestens fünf Jahre im voraus bezahlt und den Umfang der Bepflanzung genau festlegt.)

Ein Haustier als Hilfe?

Falls Sie ein Haustier besitzen und nach dem Tod Ihres Partners allein leben, werden Sie dankbar feststellen, wie schön es ist, wenn ein lebendiges Wesen Sie beim Nachhausekommen in der Wohnung freudig begrüßt.
Ein Hund zwingt zum Beispiel zur Einhaltung gewisser Pflichten. Man muß mit ihm spazierengehen und regelmäßig für sein Futter sorgen. Beim Spazierengehen mit dem Hund spricht man viel öfter mit anderen Menschen, als wenn man allein durch die Gegend läuft. Manche Hundebesitzer lernen ihre Nachbarschaft überhaupt erst auf diese Weise kennen. (Ein Freund von uns bleibt hartnäckig bei seiner Behauptung, er habe es nur dem Hund zu verdanken, daß er seiner zukünftigen Frau begegnet sei.)

Aber überlegen Sie sich gründlich, ob Sie sich zur Gesellschaft ein Tier anschaffen sollten, wenn Sie bisher kein Haustier hatten. Ein Hund zum Beispiel bindet sehr. Man soll ihn nicht länger als einen halben Tag allein lassen. Um ihn klaglos für einige Stunden allein zurücklassen zu können, muß das Tier schon sehr gut erzogen sein. Auch kann man als Hundehalter nicht einfach verreisen und die Wohnungstür hinter sich abschließen. Der Hund muß versorgt werden, und seine Unterbringung in der Ferienzeit bereitet oft Probleme. Selbst wenn er sich in einer Hundepension einlebt und man ihn dort ohne schlechtes Gewissen deponieren kann, die Kosten sind nicht unerheblich. Alle freundlichen Angebote (»Ach, ich nehme ihn Dir dann schon mal ab« usw.) sind im Moment bestimmt ehrlich gemeint, aber wenn es wirklich soweit ist, können viele Störfaktoren auftreten. Deshalb sollte man mit langjährigen Hundehaltern über solche Absichten sprechen und nicht nur mit den Besitzern, die gerade einen Wurf von niedlichen kleinen Welpen zu vergeben haben und froh sind, wenn sie sie in guten Händen wissen. Ein Tier kann ein wunderbarer Freund für den Menschen sein, seine Gegenwart kann über manchen Kummer hinwegtrösten, aber der Mensch muß dieses Verhältnis erst aufbauen und ernst nehmen. In der ersten Zeit der Trauer wird man vielleicht die Kraft dazu noch nicht haben.

»Deine Schonzeit ist jetzt allmählich vorbei!«

Das war der klare Ausspruch eines guten Freundes, als nur wenige Monate seit dem Tod des Ehemanns verstrichen waren. Was meinte er damit? Man fühlte sich doch noch lange nicht fähig, dem täglichen Leben unbeschwert zu begegnen. Wie sollte man sich denn verhalten? Doch dieser hart klingende Ausspruch ist durchaus berechtigt. Die Zeit der Schonung ist schnell vorüber. Wenn das auch nicht absichtlich oder geplant geschieht, die Entwicklung der neuen Ereignisse und das fortlaufende Geschehen bringen es mit sich, daß die Mitwelt vom Mitleid mit der Trauernden und von der Rücksicht auf ihre Situation ziemlich schnell wieder zum normalen Alltag zurückkehrt. Neue schlechte Nachrichten von Krankheit und Tod lösen das vergangene Unglück ab und überlagern die Anteilnahme. Man ist ja kein Einzelfall.

Jetzt ist der Zeitpunkt gekommen, wo Sie sich klar machen sollten, daß Sie nun selbst die Initiative ergreifen müssen, um nicht vergessen zu werden.

Laden Sie Ihren Freundeskreis ein

Und wenn es Ihnen noch so schwer fällt, das ist der Moment, wo es Zeit wird, den engsten Freundeskreis einzuladen. Die ersten Male kostet das eine ziemliche Überwindung. Vieles bleibt selbst zu tun, was sonst der Mann übernahm. Aber Sie werden sehen, bald wird sich einer der Freunde anbieten, die Flaschen zu öffnen und einzuschenken. Nehmen Sie solche Hilfestellung bereitwillig an; sie erleichtern den Ablauf einer Einladung und geben Ihren Freunden das Gefühl, Ihnen etwas helfen zu können. Und wenn hinterher noch eine Freundin bei Ihnen bleiben will, um Ihnen beim Aufräumen zu helfen, dann wimmeln Sie sie nicht ab, sondern freuen Sie sich, daß das gesellige Beisammensein nicht so plötzlich abbricht. Gewiß, man muß zuerst über den eigenen Schatten springen, wenn man zum erstenmal allein einlädt. Es ist eben doch ein großer Unterschied, ob man das immer getan hat, oder ob es plötzlich notwendig geworden ist, weil man nicht mehr zu zweit ist. Aber der Übergang ist bald geschafft. Was anfänglich Überwindung kostete, wird zur Freude: den Bekannten zu zeigen, daß man ihre Gegenwart mag und sich für sie auch gern Mühe gibt.

Die Jahrestage

Besonders an bedeutungsvollen Jahrestagen sollten Sie dafür sorgen, daß Sie nicht einsam zu Hause sitzen. Da muß man schon vorher planend an Ablenkung denken. Es ist niemandem geholfen, wenn der erste Todestag ein Erinnerungstag wird, an dem man sich mit Macht in traurige Gedanken stürzt.

Viel klüger reagierte die alte Dame aus der Nachbarschaft, die schon vorher verkündete: »Kinder, bitte keine Blumen zum Todestag! Das ist ein Tag, den ich lieber aus dem Kalender streichen würde. Aber zu seinem Geburtstag, da könnt Ihr mich mit Sträußen überschütten!«

Alle besonderen Tage, die sich zum erstenmal jähren, stellen eine schmerzhafte Stufe im Prozeß der Trauer dar. Das gibt sich in den folgenden Jahren allmählich, und irgendwann einmal, in ferner Zukunft, geschieht es sogar, daß man mit leichtem Schuldbewußtsein plötzlich feststellt: »Heute habe ich fast gar nicht daran gedacht!« Nehmen Sie sich für solche Tage etwas Schönes vor, etwas, das Ihre Zeit »frißt« und Ihre Sinne beschäftigt, dann brauchen Sie keine Angst davor zu haben.

Wenn das Wochenende zu lang wird

Ein wundervolles Rezept für planvolles Ausweichen vor schwer zu ertragenden und daher gefährlichen Wochenenden kommt von einer nichtberufstätigen Frau, die ein ausgefülltes Leben an der Seite ihres Mannes haben durfte und nun mit Grauen in die freien Tage ging. Sie wußte, wie schwer es zu ertragen ist, wenn man allein zur Beschäftigungstherapie durch Museen wandert oder seine Schritte dorthin lenkt, wo gerade »etwas los« ist. Nirgends kann man sich so einsam fühlen, wie unter vielen Menschen. Was tat sie also? Für sich persönlich kehrte sie einfach die Woche um! An den Wochentagen, wo überall Alltagsbetrieb herrschte, machte sie ihre Ausflüge, besuchte die Ausstellungen, die sie interessierten, traf sich mit Bekannten und unternahm vieles. Für das Wochenende aber hatte sie sich einen regelrechten Arbeitsplan aufgestellt. Da wurde – wenn möglich – schon für einige Tage voraus gekocht, da wurde genäht, gewaschen, gebügelt und geputzt, und auch die lästigen Arbeiten am Schreibtisch nahm sie sich vor. Alles, was eigentlich einer unangenehmen Pflicht gleichkam, wurde auf den Wochenend-Dienstplan gesetzt. Abends sank sie dann todmüde ins Bett und freute sich auf fünf Tage ohne Hausarbeit. Es war ihr keine Zeit geblieben, um an die Männer zu denken, die am Wochenende zu Hause waren und in ihrer Vorstellung Zeit für die Familie und vor allem für ihre Frau hatten. Nicht einmal die Anrufe von außen vermißte sie; und sie wunderte sich nicht, daß am Wochenende niemand nach ihr fragte. Sie war im Streß, und das tat ihr gut. Man kann das bis ins Detail nachahmen, und – glauben Sie es – es hilft! Hierbei handelt es sich um Hilfe zur Selbsthilfe im besten Sinn!

Selbsthilfe-Gruppen

Man muß sich erforschen, um zu wissen, ob es in der Zeit der ersten Trauer eine Hilfe bedeutet, mit anderen Frauen, die das gleiche Schicksal traf, regelmäßig zusammenzukommen. Manche lehnen das entrüstet ab und weisen es weit von sich, auf organisierte Weise mit anderen Witwen oder alleingebliebenen Frauen zusammenzutreffen. Für sie ist solche Solidarität alles andere als hilfreich. Von anderen Frauen wird diese Gelegenheit zur Aussprache wie ein Strohhalm ergriffen, an dem man sich festhalten kann, weil es gut tut, Erfahrungen auszutauschen und festzustellen, daß man mit den eigenen großen und kleinen Problemen nicht alleinsteht.

Was sind Selbsthilfegruppen? Wer hilft hier wem?
In diesen Gemeinschaften finden sich nicht nur Menschen, die glauben, am Rande der Gesellschaft zu stehen und sich problembeladen fühlen, sondern auch jene, die einfach Kontakt mit Gleichgesinnten suchen und Abwechslung brauchen, um aus ihrer Isolation herauszukommen. NAKOS, die »Nationale Kontakt- und Informationsstelle zur Anregung und Unterstützung von Selbsthilfegruppen« in Berlin gibt sogar ein bundesweites Adressenverzeichnis heraus (siehe auch Adressen im Anhang auf Seite 171.)

Schlaflosigkeit überwinden

Die Schlaflosigkeit im halbleeren Bett kann quälend sein, und schließlich hat man Angst vor der anbrechenden Nacht. Aber der Griff zu den Medikamenten bringt keine wirkliche Hilfe, sondern verschiebt das Problem nur. Meist wacht man noch vor Morgengrauen auf und kann nicht mehr einschlafen. Dann führt man im Geiste Gespräche, die in Wirklichkeit ganz anders ablaufen würden; und so gräbt man sich immer tiefer in die innere Unruhe hinein. Die Anleitungen in den Handbüchern zum Thema Schlaflosigkeit ringen einem nur ein müdes Lächeln ab. Der wohlmeinende Rat, man solle vor dem Einschlafen an etwas Schönes denken, klingt fast wie Hohn. Und doch gibt es ganz praktische Mittel, die helfen können. Legen Sie sich ein Heft mit

Rätseln ans Bett und beschäftigen Sie sich mit dem Lösen. Oder lesen Sie ein heiteres, spannendes Buch, das Sie in eine andere Welt mitnimmt. Und wenn Sie im Dunkeln liegenbleiben wollen und sich nicht dazu entschließen können, Licht zu machen, dann versuchen Sie doch einmal ganz vernunftgemäß und ehrlich, die Dinge aufzuzählen, die trotz allem noch gut sind: die eigene Gesundheit, die Freunde, die Geborgenheit in der vertrauten Wohnung.

Autogenes Training und andere Entspannungsmethoden muß man Schritt für Schritt, am besten mit fachlicher Anleitung lernen. Solche Methoden sind im Notfall leider nicht einfach aus dem Ärmel zu schütteln. Aber wer es kann, dem gelingt es oft, bedrückende Gedanken abzustellen und in den Schlaf zu fallen. Haben Sie einen kleinen Radioapparat neben Ihrem Bett und einen elektrischen Wasserkocher mit einem Becher, Teebeuteln und Kandiszucker? Das kann in der Nacht ein echter Genuß sein! Wenn man dazu langsam und bewußt seine Lieblingskekse knabbert, dann kommt der Schlaf manchmal ganz wie von selbst.

Essen ist wichtig!

Nicht alle Menschen reagieren auf Kummer gleich. Die einen haben überhaupt keinen Appetit mehr und andere futtern alles in sich hinein, was vor ihre Augen kommt. Beides ist ungesund und unnötig. Man sollte dankbar sein, wenn der natürliche Trieb der Freude am Essen hartnäckig ist und sein Recht fordert. Manchmal braucht man zuerst etwas Disziplin, um sich regelmäßig den Tisch zu decken und ein Essen zuzubereiten. Aber es lohnt sich, darin konsequent zu sein. Regelmäßiges bewußtes Essen hält wirklich Leib und Seele zusammen und bringt eine Ruhepause mit sich, die mit der Zeit zum Bedürfnis wird. Stellen Sie sich den Tisch, an dem Sie allein essen, an einen Platz mit Aussicht. Es ist nicht so wichtig, wohin Sie schauen. Sie werden nach und nach entdecken, daß da draußen viele Dinge geschehen, von denen Sie bisher keine Ahnung hatten.

Planen Sie nicht zu weit voraus!

Quälen Sie sich nicht mit Entscheidungen, die vielleicht erst in einem halben Jahr oder noch später fällig sind. Machen Sie keine noch so vagen Zusagen an Menschen, die es nicht abwarten können und Ihnen vorsichtig oder auch sehr direkt beibringen wollen, daß sie auf Ihre Wohnung reflektieren. Wie oft erzählen Witwen davon, daß ihnen schon kurze Zeit nach dem Tod des Partners viele Vorschläge zum Wohnungstausch, zum Wohnungskauf oder auch Hauskauf gemacht wurden. Und nicht selten hört man dabei die taktische, aber nicht sehr taktvolle Bemerkung, daß man doch nun nicht mehr soviel Wohnraum brauche und sicher für ein Entgegenkommen dankbar sei.

Verschenken oder verkaufen Sie nichts zu schnell, was man Ihnen aus »Freundlichkeit« abnehmen will! Diese Hinweise sollen Sie nicht mißtrauisch gegenüber Ihrer Mitwelt machen, denn die Fälle, wo man Sie bewußt übers Ohr hauen will, sind nicht so häufig wie die, in denen wirkliche Unterstützung angeboten wird. Aber überlegen Sie zwei- oder dreimal, ehe Sie Beschlüsse fassen, die nicht mehr rückgängig gemacht werden können. Das gilt für jede Frage, die eine Änderung Ihres bisherigen Lebens betrifft: Wohnen, Arbeiten, Verkäufe, Erziehung der Kinder, Finanzierung. Machen Sie sich immer wieder klar, daß Sie in einem Übergangsstadium sind, in dem sich Stimmungen und Zustände schnell ändern können.

Betrachten Sie sich einmal selbst mit Neugier. Was geht eigentlich in Ihnen vor? Sie wissen, daß Sie durch die Zeit der Trauer gehen müssen, um sie zu überwinden. Sie erfahren von anderen, daß es gewisse Phasen der Trauer gibt, ohne die Sie auf dem Weg zur Entwicklung einer neuen Persönlichkeit nicht weiterkommen. Die Fähigkeit zu diesem Wachsen liegt in Ihnen. Das Interessante an einem Schicksal ist nicht so sehr, wie es aussieht, sondern was es aus einem macht. Gläubige Christen sagen, daß Gott dem Menschen sein Schicksal auferlegt, ihm aber auch gleichzeitig die Kraft schenkt, es zu tragen und zu verarbeiten.

Also doch »Arbeit«? Aber keine Trauerarbeit, sondern Arbeit an unserer eigenen Zukunft.

Die Zukunft beginnt wieder

Jede Beschäftigung, jede Aufgabe, die man zu erfüllen sucht, ist ohne Zweifel eine große Hilfe auf dem Weg zu sich selbst. Aber zu viele Aktivitäten können auch ein Ausreißen vor den eigenen Problemen bedeuten, ein Davonlaufen vor dem Ich, und dann ist der Bewältigung der Trauer kein Raum und keine Zeit gegeben. Die stillen Stunden, in denen man in sich hineinhorchen kann, in denen man versucht, Klarheit über den Weg zu gewinnen, den man geht, sollte man nicht durch Hyperaktivität verscheuchen. Bewahren Sie sich Zeit, die Ihnen gehört, in der Sie tun und lassen können, was Ihnen gerade am Herzen liegt, und gönnen Sie sich die Ruhe und den Luxus, über sich und Ihre Situation nachzudenken.

Ist es nicht so, daß das Leben aus vielen Ereignissen besteht, die uns rätselhaft, zufällig oder unerklärlich erscheinen, genau wie die lose nebeneinander liegenden Teile eines Puzzle-Spiels? Aber dann kommt eine ordnende Hand, dann erscheint ein Spieler, der nachdenkt, und plötzlich erhalten die scheinbar sinnlosen Formen ihre bedeutungsvollen Linien, und schließlich fügt sich alles passend ineinander und ergibt ein klares, einheitliches Bild. Kann man das eigene Leben unter diesem Aspekt betrachten und an den Sinn dessen, was uns widerfährt, glauben?

Hätten uns dann religiöse Ansichten etwas zu sagen, die behaupten, daß alles, was uns zustößt, einen Zweck hat und ein Baustein zum Gebäude ist, das unser Leben ausmacht?

Sind wir die hilflos ausgelieferten Objekte einer willkürlichen Macht? Oder sind wir selbst die Baumeister unseres Lebens? Der Baustoff wird uns gegeben, aber was wir daraus machen, hängt von uns ab!

Fragen über Fragen, und immer, wenn man glaubt, eine Antwort gefunden zu haben, geschieht wieder etwas Neues, und man beginnt von vorn mit den Zweifeln und der Ratlosigkeit.

Es geht ja nicht darum, daß man sich mit dem Leben nach dem Tod seines Partners einigermaßen arrangiert und mit Anstand über die Runden kommt, sondern es geht darum, daß man sein Leben neu gestaltet und aktiv erfüllt, es positiv annimmt.
Aber wie?
Die unmittelbar mit dem Tod zusammenhängenden Pflichten sind erledigt, die Tage, an denen man glaubt, ein gewisses Gleichgewicht wiedergefunden zu haben, werden häufiger, und der Alltag pendelt sich allmählich wieder ein. Die traurigen und die frohen Jahrestage haben sich alle mindestens einmal gejährt. Man hat das erste Jahr in einer Art Ausnahmezustand durchlebt, und das zweite Jahr geht in seine zweite Hälfte. Die Erfahrungen vieler Betroffener besagen, daß man erst nach etwa zwei Jahren wieder zu sich findet. Dann erst wird das Leben wieder als ein zukunftsgerichtetes Dasein betrachtet.
Aber damit beginnen neue Fragen und Aufgaben.
- Wie halte ich mich geistig auf Trab?
- Was kann ich, was will ich noch lernen?
- Wo kann ich neue Interessen tanken und mich fremden Gruppen anschließen, um der Gefahr der Isolation zu entgehen?
- Wie steht es um meine Chancen im Beruf?

Fortbildung und Berufsaussichten für die bisher nicht berufstätige Frau

Natürlich denkt jeder zuerst einmal an den Traumjob. Doch die Wirklichkeit sieht anders aus. Bei einem Wiedereinstieg in das Berufsleben muß man wieder beginnen, sich in ein System einzuordnen; da sind die jüngeren Mitarbeiter, die alles viel schneller und problemloser zu erledigen scheinen, da gibt's Kompetenzschwierigkeiten und kleine Eifersüchteleien, echte Wissenslücken sind zu überwinden.
Der Neueinstieg in das Berufsleben ist alles andere als ein Zuckerschlecken. Aber andererseits bietet er auch ein Erfolgserlebnis, und wenn es anfangs noch so klein ist. Man kommt oft todmüde, aber doch befriedigt von des Tages Arbeit nach Hause und empfindet nun die eigenen vier Wände als Refugium. Unter

den Kollegen ist vielleicht die eine oder andere Freundin zu entdecken, Menschen, mit denen man gern auch privat zusammen-
trifft. Man ist wieder ein kleines Rädchen im großen Getriebe der
Ereignisse.

Welche verschiedenen Möglichkeiten des Neu- oder Wiederein-
stiegs bieten sich für die bisher nicht berufstätige Frau oder für
eine früher berufstätig gewesene Frau?

Man wird zunächst im Bekanntenkreis forschen, ob sich nicht
eine Arbeitsstelle findet, aber das hat selten Erfolg. Dann liest
man die Anzeigen in den Zeitungen und achtet auf Aushänge.
Anzeigen können verlockend sein, aber oft muß man feststellen,
daß man die geforderte Berufserfahrung nicht mitbringt. Heim-
arbeit ist hin und wieder zu bekommen, das ist jedoch schwer
verdientes Geld; und außerdem tut es der alleinstehenden Frau
nicht gut, den ganzen Tag zu Hause zu bleiben.

Wenn Sie sich vorab genau erkundigt haben, wie es sich, falls Sie
etwas verdienen, auf Ihre Witwenrente auswirkt, dann können
Sie auch den Rahmen für Ihre zukünftige Tätigkeit abstecken.

Brauchen Sie eine Anstellung aus finanziellen Gründen, oder um
eine Beschäftigung zu haben? Klären Sie alle Aspekte für sich ab
oder holen Sie sich weitere Informationen (vgl. Adressen im Anhang).

Wie findet man einen Job, wenn man jahrelang nicht berufstätig war?

Nicht umsonst ist die Schulung des Selbstvertrauens bei den
Wiedereinstiegsseminaren ein wichtiger Bestandteil der Ausbildung. Gerade im Vorstellungsgespräch kommt es sehr darauf an,
daß Sie Selbstvertrauen ausstrahlen. Bewerbungstraining kann
helfen, die Komplexe und Unsicherheiten bei der Vorstellung abzubauen.

Sobald Sie genauer wissen, was Ihnen liegt, aber nicht sicher sind,
wie der Weg dahin führt, sollten Sie zur Berufsberatung des
Arbeitsamtes gehen. Hier wird man versuchen, gemeinsam mit
Ihnen herauszufinden, was machbar ist und wie Sie die Sache am
besten anpacken. Wie realistisch ist Ihre Berufswahl? Welche
Chancen bestehen für Sie aufgrund Ihrer Vorbildung? Falls Ihre

bisherige Ausbildung und Berufserfahrung nicht ausreichen, sind Sie in der Lage, eventuell noch einmal eine Berufsausbildung anzufangen oder zu vervollkommnen? Wie stellt sich Ihre finanzielle und häusliche Situation dar? Wollen Sie den ganzen Tag arbeiten? Welche Interessen und Hobbys könnten Sie vielleicht beruflich umsetzen?

Seit 1989 existiert in den alten und seit 1991 auch in den neuen Bundesländern ein Sonderprogramm vom Bundesfrauenministerium für Berufsrückkehrerinnen. Es ist für alle Frauen gedacht, die nach längerem Aussetzen wieder arbeiten wollen. Diese 23 Beratungsstellen arbeiten eng mit Arbeitsämtern und kommunalen Gleichstellungsstellen zusammen und informieren über Möglichkeiten der Fortbildung und Umschulung. Sie helfen auch bei der Suche nach einer Anstellung und bei der Planung von Existenzgründungen.

Wenn Sie wissen, für welchen Beruf Sie geeignet sind und herausgefunden haben, welche Ausbildung dazu noch nötig wäre, dann können Sie unter Umständen einen finanziellen Zuschuß bekommen, um diese Weiterbildung wahrzunehmen. Dafür ist das Arbeitsamt zuständig. Zuerst aber müssen Sie sich bei der Vermittlungsstelle im Bereich Ihrer letzten Berufstätigkeit arbeitslos melden. Dann lassen Sie sich einen Termin bei einem Arbeitsberater geben, da für geförderte Fortbildung oder Umschulung Beratungspflicht besteht. Tun Sie das bald, denn es ist möglich, daß Sie auf diesen Termin bis zu drei Monate warten müssen!

Zeitarbeit

Eine gute Möglichkeit, wieder ins Berufsleben einzusteigen, bietet die Zeitarbeit. Es gibt Firmen, die als Vermittler zwischen Arbeitgeber und Arbeitnehmer agieren. Entgegen vieler Meinungen ist man bei der Zeitarbeitsfirma fest angestellt, mit normalem Arbeitsvertrag, allen gesetzlichen Versicherungen und auch entsprechendem Urlaubsanspruch. Der einzige Unterschied zum »normalen« Arbeitsverhältnis ist der, daß man nicht bei dieser Firma selbst arbeitet, sondern bei deren Kunden eingesetzt wird. Auch wenn nach einem zeitlich begrenzten Einsatz nicht unmittelbar ein neuer Arbeitsplatz gefunden wird, erhält man weiterhin seinen Lohn. Es ist nicht erlaubt, jemanden nur für einen einzigen auftragsbezogenen Einsatz zu engagieren. Will man selbst nur eine bestimmte Zeit arbeiten und dann für eine gewisse Zeit pausieren, muß man kündigen und kann dann erst wieder nach drei Monaten neu beginnen. Die zeitlich begrenzte Arbeit, für die man vermittelt wird, darf in ein- und demselben Betrieb nach dem Gesetz nicht länger als sechs Monate dauern. Eine solche Anstellung bei einer Zeitarbeitsfirma bietet der Wiedereinsteigerin die Chance, sich unterschiedliche Firmen anzuschauen. Man lernt verschiedene Sparten kennen, kann überall einmal »reinriechen« und bindet sich noch nicht dauerhaft. Es wurde festgestellt, daß etwa 20% der Arbeitnehmer im Rahmen der Zeitarbeit von der Firma, in der sie eingesetzt sind, fest übernommen werden. Deshalb sollte man solche Einsätze auch unter dem Gesichtspunkt der Annäherung an eine feste Arbeitsstelle sehen.

Teilzeitarbeit

Neben einer Beschäftigung mit Vollzeitarbeit interessieren sich viele Witwen für die Teilzeitarbeit. Sei es, weil sie Kinder zu versorgen haben oder weil sie nicht voll arbeiten wollen. Manche beabsichtigen, neben der Berufsarbeit noch eine Ausbildung zu beginnen oder wollen einfach mehr Freizeit für sich haben. Eine gute Möglichkeit für einen neuen Einstieg ins Berufsleben bietet die Teilzeitarbeit.

Gleitende Arbeitszeiten, Arbeit auf Abruf oder Job-sharing sind die möglichen Formen von Teilzeitbeschäftigung.

Wer diese Möglichkeit in Erwägung zieht, sollte folgendes beachten: Ab 15 Wochenstunden und einem Verdienst, der in den alten Bundesländern DM 530 und in den neuen DM 390 nicht übersteigt, sind Sie kranken- und rentenversichert, jedoch nicht arbeitslosengeldversichert. Ab 18 Stunden Arbeitszeit ist man vollständig sozialversichert. Da die Rentenbeiträge hierbei ziemlich niedrig sind, kann man im Alter keine ausreichende Rente erwarten.

Von Teilzeitarbeit spricht man bei einer Arbeitszeit bis zu 24 Stunden pro Woche.

Ehrenamtliche Posten

Ehrenamtliche Tätigkeiten werden nicht bezahlt. Sie liegen trotzdem nicht einfach auf der Straße. Mit den Ehren ist es oft nicht so weit her; viel Arbeit im Verborgenen, harter Kampf gegen Mißstände mit ständig unzureichenden Mitteln und ein zeitweiliges Zweifeln am Sinn des Einsatzes warten auf den ehrenamtlichen Helfer. Diese Tätigkeit bringt viele Verpflichtungen mit sich, und wer sie ernst nimmt, den kann sie mit Haut und Haaren auffressen.

Man sollte solche Arbeit sehr ernst nehmen, denn wenn die anderen Mitarbeiter sich nicht auf einen verlassen können, weil man seinen Posten nicht zuverlässig ausfüllt, dann wird das mit Recht sehr übel genommen. Ehrenamtliche Arbeit kann unter Umständen verpflichtender und zeitaufwendiger werden als jede bezahlte Anstellung, weil Privatinitiative gefragt ist.

Meist handelt es sich um den Einsatz im sozialen, karitativen Bereich: Hausarbeitsüberwachung von Kindern in Auffangzentren, Begleitung von hilfsbedürftigen Personen, Betreuung von alten Menschen, die Pflege brauchen, und was es auf diesem Gebiet unendlich viel mehr zu tun gibt. Möglichkeiten tun sich auf, um mit Behinderten Sport zu treiben, auf kulturellem Gebiet in kleinen Gruppen zu arbeiten oder sich für Hilfsorganisationen zur Verfügung zu stellen. Es gibt organisierte Krankenhausbesucher, Ferienbegleiter und Essenausfahrer. Überall wird Hilfe gebraucht. Viele Frauen haben in solchen lockeren oder festgefügten Organisationen klein angefangen und plötzlich ein Gebiet entdeckt, das ihnen neue Einsatzmöglichkeiten offenbarte, das aber auch ungeheuer viel eigenen Einsatz und Bettelgänge zu möglichen Geldgebern erforderte.

Am besten fragen Sie beim Sozialamt nach Hilfsorganisationen, wenn Sie wirklich unter Ihren Bekannten niemanden haben sollten, der bereits irgendwo mitarbeitet.

Es gibt so viele Möglichkeiten, sich Aufgaben zu stellen, deren Erfüllung Zufriedenheit schafft. Aber es muß ein System, eine gewisse Ordnung und Regelmäßigkeit damit verbunden sein, sonst entgleiten einem die Tage vor lauter guter Vorsätze, und die mangelnde Selbstdisziplin läßt einen alles so lange auf später ver-

schieben, bis es eines Tages zu spät ist. Deshalb ist für alleinstehende Frauen, die an das Zusammenleben mit einem anregen-
den Partner gewöhnt waren, das große Angebot von Kursen aller
Art eines gründlichen Studiums wert.

Weiterbildung

Auf dem Gebiet der Weiterbildung sind der Phantasie kaum
Grenzen gesetzt. Und auf die Frage »Wofür?« gibt es nur eine
schlagende Antwort: »Für mich!«
Was in diesem Für-mich alles steckt, werden Sie feststellen, wenn
Sie sich ernsthaft mit dem Thema der Fortbildung beschäftigen.
Das Studium der vielen Wege zur Weiterbildung ist schon wieder
ein Studium für sich und nimmt viel Zeit und Genauigkeit in
Anspruch. Aber es lohnt sich. Man wird staunen, was man alles
lernen kann, und die Suchende müßte schon beinahe ein hoff-
nungsloser Fall an Interesselosigkeit und Unentschlossenheit sein,
wenn sie nichts finden würde, was ihr Herz höher schlagen ließe.

Wie und wo informiert man sich?
In allen größeren Städten gibt es Beratungsstellen für Weiterbildung. Allein Hamburg hat sechs solcher Zentren, wo man unabhängig, vertraulich und kostenlos beraten wird. Dort gibt es
z. B. eine auf Computer gespeicherte Datenbank, mit der man
sich nach kurzer Einführung auf ein Frage- und Antwortspiel
einlassen kann. Der Computer stellt Ihnen Fragen, durch deren
Beantwortung Sie immer näher an ein für Sie speziell zugeschnit-
tenes Fortbildungsprogramm herangeführt werden. Wann haben
Sie Zeit: vormittags, nachmittags oder nur abends? Wo wäre für
Sie örtlich der beste Ausbildungsplatz? Allmählich kreist dieses
Vorgehen Ihre persönlichen Gegebenheiten, Kenntnisse und
Vorstellungen ein, so daß von den 300 Fortbildungsträgern mit
ihren etwa 7000 Angeboten in der Datenbank schließlich für Sie
speziell nur ein paar interessant sind.
In allen öffentlichen Bücherhallen der größeren Städte finden Sie
Informationsbroschüren. Sie bekommen auch einen Überblick
über die möglichen Examen und Abschlüsse, vom Hauptschul-
bis zum Hochschulabschluß.

Weiterbildungsangebote der Hochschulen

Eine Projektgruppe für Hochschulforschung in Berlin hat im Auftrag der Konzertierten Aktion Weiterbildung eine Schrift über Bildungsmöglichkeiten für Erwachsene an Hochschulen der neuen Bundesländer zusammengestellt. Entsprechendes existiert natürlich auch für die alten Bundesländer. Zielgruppe sind nicht mehr berufstätige Erwachsene, wobei man daraufhin zielt, auch jene Berufstätigen zu erreichen, die vor ihrer Pensionierung stehen. Daß solche Bestrebungen viel Erfolg haben, sieht man schon daran, daß an der Universität Freiburg heute bereits 10% der Studenten Senioren sind. Die Angst, allein unter lauter jungen Menschen zu sitzen und die Rolle der komischen Alten zu spielen, ist völlig unbegründet. Wer das Abitur hat, kann grundsätzlich in jedem Alter und an jeder Hochschule studieren und auch Abschlußexamen ablegen. Als Gasthörer kann man sich auch ohne Abitur einschreiben lassen, muß allerdings auf Prüfungsmöglichkeiten verzichten. Die Bundesarbeitsgemeinschaft »Öffnung der Hochschulen für ältere Erwachsene« informiert ausführlich über alle derartigen Studienmodelle, die an sehr vielen deutschen Hochschulen zu finden sind.

Der erste Schritt muß gewagt werden. Man sollte sich eine gewisse Zeit des Ausharrens und Probierens geben, wenn man mit weiterbildenden Kursen beginnt, seien sie nun künstlerischer, geistiger oder handwerklicher Prägung.

Sobald Sie sich im Dschungel des weitgefächerten Angebots zurechtgefunden haben, werden Sie feststellen: Es gibt nichts, was es nicht gibt!

»Ich stelle mich dem Neuen«

Als wir nach der Schulzeit Entscheidungen treffen sollten, die unsere Zukunft betrafen, da hatten wir das Gefühl, die ganze Welt stehe uns offen; wir glaubten uns frei und unabhängig, auch wenn wir nicht mit Geld gesegnet waren. Und jetzt steht wieder ein Neuanfang bevor. Aber er sieht anders aus. Die Freiheit schmeckt nicht mehr so süß, die Ungebundenheit hat ihre »Webfehler«, und wir haben es mit den Jahren gelernt, daß nicht alles mit dem Willen allein zu erreichen ist und der Weg manchmal ziemlich dornenvoll sein kann. Aber dafür haben wir auf diesem Weg auch ein anderes Gepäck erworben: weniger Zuversicht vielleicht, aber mehr Erfahrung, weniger Unbekümmertheit, aber mehr Wissen, und vielleicht auch weniger Kraft, aber mehr Können. Warum nicht neugierig an all die neuen sich bietenden Möglichkeiten herangehen und in aller Ruhe sichten, was für eigene Zukunftspläne unter Umständen in Frage kommt?

Will man sein Leben allein weiterführen, oder erscheint die Suche nach einem neuen Partner als der einzige Weg zum Glück? Und wo liegen auf diesem Weg die Fallen, vor denen Sie sich hüten sollten und vor denen Sie niemand rechtzeitig warnt?

In jedem Stadium des Alleinseins sah die Welt bisher anders aus. Nun aber ist die Zeit gekommen, da man sich zu stabilisieren beginnt. Man wächst aus dem Zustand der reinen Pflichterfüllerin in den der alleinstehenden Frau mit einer aktiven Lebenserwartung. Nach etwa zwei Jahren sieht man das, was geschah, in einem anderen Licht. Verluste zu verarbeiten ist eine Frage der Intelligenz, wobei Intelligenz hier nicht mit Klugheit per Intelligenzquotient zu verwechseln ist. Es ist vielmehr die Fähigkeit, zu einer Einsicht zu gelangen. Das Memento mori hat seine Wirkung; das Leben mit dem Gedanken an die Nähe des Todes wird bewußter erlebt. Man beginnt zu begreifen, daß Alleinsein nicht unbedingt Einsamsein bedeutet, daß dieses Alleinsein Chancen in sich birgt, die man nur sehen muß, um sie auch bejahen zu können. Aus dieser Erkenntnis wächst dann allmählich ein neues Selbstverständnis. Auch das Wort Witwe bekommt im Lauf der Zeit eine andere Färbung und wird nicht mehr als Kainsmal empfunden. »Wenn ich aufhöre, mein Dasein nicht mehr als einen Restbestand zu empfinden, sondern wieder zu einer abgerundeten Person geworden bin, mich als Ganzes und nicht mehr als ›Hinterbliebene‹ betrachte, dann bin ich dem Witwesein entwachsen, unabhängig davon, ob ich allein lebe oder nicht.«

Die Witwe in der Vergangenheit:
Wie wurden Witwen von Kirche und Gesellschaft gesehen?

Welche Rolle spielten sie im sozialen Gefüge? Welche Vor- und Nachteile waren für Frauen im Witwenstand zu erwarten?

Die Kirche hat seit Beginn des Christentums ihren Einfluß gewaltig ausgebaut. Zum exklusiven Stand des Klerus gehörten nur diejenigen, die jungfräuliche Weihen angenommen hatten und ihr Leben ausschließlich dem Dienst an Gott verschrieben. Die Witwe, die schon eine Ehe hinter sich hatte, mußte also einer anderen Ordnung angehören, obwohl die Kirche von ihr Enthaltsamkeit erwartete. Unterwarf sie sich dieser Forderung, dann wurde sie als Diakonin in den Schoß der Kirche aufgenommen und genoß den Schutz des Herrschenden. Was aber war mit jenen normalen Witwen, die sich diesen Regeln nicht unterwarfen und auch an eine Wiederheirat dachten? Sie wurden von der Kirche verurteilt, Synoden-Verlautbarungen aus jener Zeit des frühen Mittelalters halten damit auch nicht zurück.

Im frühchristlichen Zeitalter beweisen zahlreiche Grabinschriften, die zu dem Namen einer Witwe das »univira« setzten (das heißt, daß sie nur einem Mann angetraut war), wie ehrenhaft es war, sich nicht wieder mit einem Mann zu verbinden. Rechtlich jedoch war eine zweite Ehe erlaubt, und in der Bibel sind keine Anhaltspunkte zu finden, daß eine Witwe sündigen würde, wenn sie sich einem anderen Mann zuwendet. Im Jahre 813 wurde auf der Synode zu Reims gefordert, »daß Witwen nicht in Ergötzlichkeiten leben, sondern unter der Herrschaft des Bischofs, wie es sich gehört«. Zum Zeichen der Enthaltsamkeit legten sie ein schwarzes, das heißt klösterliches Kleid an. Die Traktate über Witwen sprechen immer wieder über jenes »vestem mutare«, einem Wechsel der Kleider. Damit unterwarf sich die verwitwete Frau in aller Öffentlichkeit der von der Kirche geforderten Moral. Almosengeben, Beten und Fasten waren ihre Aufgabe. Dafür wurde ihr himmlischer Lohn verhießen und weltliche Ehre. Auch im Mittelalter stand eine Witwe noch in besonderem Ansehen, wenn sie die von der Kirche geforderte Enthaltsamkeit befolgte. Tat sie das nicht, so schlug ihr Ansehen in das andere

Extrem um; sie galt dann als männerverschlingendes zügelloses Weib, das den Versuchungen des Teufels erlegen ist und das man deshalb meiden sollte.

Der Witwenstand in der Gesellschaft stellte sich folgendermaßen dar:
Da jung geheiratet wurde, hatte meist der Vater den ersten Ehepartner ausgesucht. Es gibt aber im Mittelalter schon genügend Beispiele, wo Frauen nach dem Tod ihres ersten Mannes den Partner für die zweite Ehe selbst wählten.
Im wirtschaftlichen Leben genossen sie gewisse Machtbefugnisse, denn als Witwen waren sie weniger an die häusliche Domäne gebunden als die Ehefrauen.
Witwen erschienen vor Gerichtshöfen und hatten Anteil am gesellschaftlichen Leben ihrer Umgebung. Waren sie reich, konnten sie im Hintergrund sogar starke Machtpositionen aufbauen. Waren sie mittellos und ohne Schutz, dann nahm sich die Kirche ihrer an.
Die Frauen der landbesitzenden Aristokratie spielten als Witwen eine beachtliche gesellschaftliche Rolle. Sie verwalteten ihre Güter, setzten Vögte ein und gaben Bürgschaften. Wenn ihre Männer allerdings in politischen Machtkämpfen umgekommen waren und bei dynastischen Streitfällen ihr Leben gelassen hatten, dann gnadete diesen Witwen kein Gott und keine Kirche. Sie verloren ihren Besitz. Ihre Rechte waren verwirkt, und sie wurden Opfer des Schicksals ihres Mannes.
Die uns überlieferte Literatur jener Zeit ist zum großen Teil von Männern geschrieben. Dementsprechend wird die Witwe auch geschildert: Als eine vergnügungssüchtige, herausfordernde Frau.

Aber bei der Frau, der wir ein ganzes Werk über das Witwendasein jener Zeit verdanken, sieht das schon anders aus:
Christine de Pisan lebte am französischen Hof im ausgehenden vierzehnten Jahrhundert. Nach zehnjähriger Ehe wurde sie im Alter von fünfundzwanzig Jahren Witwe und begann zu schreiben. Die frauenfeindlichen Tendenzen jener Zeit bekämpfte sie in engagierter Dichtung mit ihrem »Buch der Tugenden«. Sie war eine der ersten Frauen, die sich ihren Lebensunterhalt mit Schreiben verdienten.

Für uns ist an diesem Buch aus dem ausgehenden 14. Jahrhundert vor allem interessant, daß auch dort schon eine Beschreibung der Trauer zu finden ist, die sich nicht wesentlich von der unserer Zeit unterscheidet. Die einzelnen Stadien der Trauer sind auch bei Christine de Pisan: Klage, Trost und schließlich Rückkehr in das aktive Leben. Im ersten Stadium, dem der Klage, sei der Witwe noch zuzugestehen, daß sie ihrem Schmerz freien Lauf läßt. Ihre Verzweiflung ist so groß, daß sie wünscht, sie könnte sofort dem Gatten in den Tod folgen. Der Trost setzt ein mit dem Lob des Toten und der Verpflichtung, die er der hinterbliebenen Frau auferlegt hat. Schließlich erinnert sie sich ihrer Aufgaben im sozialen Leben und ist bereit, neue Funktionen zu übernehmen. Die Situationen, mit denen sie dann im Alltag konfrontiert wird, sind aus dem praktischen Leben gegriffen. Aus kleinen Geschichten werden didaktische Hinweise abgeleitet: Witwen haben vor allem unter drei Übeln zu leiden, zunächst die Hartherzigkeit der anderen, dann die finanziellen Forderungen, die von allen Seiten plötzlich an sie gestellt werden, und die üble Nachrede.
Hat sich in den folgenden 600 Jahren Wesentliches geändert? Heutige Witwen kennen die Antwort...

Und heute?

Welchen Stellenwert hat nun die alleinstehende Frau als Witwe in unserer heutigen Gesellschaft, und wie sieht es in Deutschland im Vergleich zu anderen europäischen Ländern aus?
Bei dem Versuch einer Antwort stößt man zunächst auf einen Widerspruch: In romanischen Ländern existiert noch sehr viel mehr die Welt der Männer als in unseren Breiten. Sie haben ihre Clubs und Vereine und treffen sich oft ohne Frauen. Es ist erstaunlich festzustellen, daß gerade in dieser männerorientierten Welt, wo das »Machogebaren« gepflegt wird, die Frau sich sehr viel selbstverständlicher emanzipiert als bei uns: Sie geht schon seit eh und je mit Freundinnen aus, befreit sich im Rahmen der Großfamilie ab und zu von ihren Kindern und übt ihren Beruf aus, solange sie dazu Lust hat oder die Notwendigkeit sie dazu zwingt. Ihre innere Gleichberechtigung hat von jeher mehr bestanden als nach außen wahrnehmbar, aber sie sucht und findet

sie auf einer anderen Ebene als die streitbaren Vertreterinnen einer Gleichberechtigungstheorie.

Natürlich soll hier nicht die Tatsache verschwiegen werden, daß es auf der beruflichen Ebene noch viel in punkto Gleichberechtigung zu tun gibt.

In Männergesellschaften entwickeln Frauen ein Solidaritätsgefühl, das sie wie ein Sicherheitsnetz auffängt. Nicht durch Theorien und Manifeste gestützt, sondern mit Diplomatie und Selbsterhaltungstrieb haben sich die Frauen ihre eigene Welt geschaffen. Sie scheinen weniger Komplexe zu haben und zeigen beachtliche Selbstsicherheit, wenn es um die Männer geht.

In deutschen Landen wird das Thema immer sehr ernsthaft und prinzipiell behandelt. Kaum ein Fernsehtag ohne Diskussionen um Frauenbelange. Keine Zeitung wagt es, sich die Blöße zu geben, frauenbewegte Verlautbarungen nicht mit gebührendem Ernst zu kommentieren. Man fordert die absolute Gleichheit und übergeht dabei doch die Tatsache, daß selbst im Zeitalter des Klonens noch keinem Mann die Geburt der Nachkömmlinge anzudienen war! In romanisch orientierten Ländern lebt man eher nach dem Motto »Vive la petite différence« (»Es lebe der kleine Unterschied«) und schafft sich auf dieser Ebene seinen eigenen Freiraum und mitunter auch seine Vorteile.

In einer Welt von Frauen, wo Männer ohne Probleme vorübergehend ausgeklammert werden können, haben es alleinstehende Frauen, sprich Witwen, wesentlich leichter. Da werden sie eher eingegliedert und aufgenommen. Die Frauengemeinschaft steht im Notfall zusammen und reiht alleingebliebene Frauen ohne viele Schwierigkeiten ein.

So, wie die Rituale der Trauer helfen können, die erste Zeit des Alleinseins zu überstehen, so half früher die Einordnung in ein festes soziales System der Witwe, ihr Leben weiterzuführen. Das spielte sich meist ausschließlich in der Großfamilie ab. Aber welche verwitwete Frau würde sich heute in die Rolle der Märtyrerin in Sachen Großfamilie drängen lassen? Die Rolle der Verwandten, die im Dienst der engeren und weiteren Familie als SOS-Station fungiert, die aushilft, wo Not ist, und auf die man immer zurückgreifen kann, wie das früher die Regel war, wenn eine verwitwete Frau in den Schoß der Familie zurückkehrte, diese Rolle übernimmt heute kaum eine alleingebliebene Frau mehr! Aber dafür entgeht ihr auch die Geborgenheit eines Familienverbands. Falls sie selbst einmal krank wurde, war für sie gesorgt. Wie sieht das heute aus?

Nach einer kurzen Zeit der Rücksicht und Schonung geht die Mitwelt wieder zur Tagesordnung über, und die Hinterbliebene wird ihrem Schicksal überlassen. Die Hilfsbereitschaft im Freundeskreis hat sich erschöpft; jeder hat seine eigenen Sorgen, und wenn sie Probleme hat, »dann weiß sie ja, daß sie jederzeit damit zu uns kommen kann«.

Die Finanzen

Wenn es um Finanzen geht, wenn die Sprache auf Börse, Aktien oder andere Geldanlagemöglichkeiten kommt, schalten viele Frauen ab und hören nicht gezielt zu. Ist das eine spezifisch weibliche Eigen- oder Unart, oder, wenn dem nicht so ist, woran liegt es dann?

Nach dem Tod des Partners ist eine Witwe noch viel weniger als sonst motiviert, sich mit Geldfragen zu beschäftigen, wo es nicht unbedingt nötig ist. Aber Witwe zu sein bedeutet auch, daß man sich finanziellen Problemen zu stellen hat und die neue Situation der Selbständigkeit und der Verantwortung akzeptiert.

Wußten Sie, daß 53% der beinahe 50 Millionen Postsparbücher, bei denen die Zinsen nicht einmal einen Inflationsausgleich bringen, in der Hand von Frauen sind? Halten Sie es für möglich, daß auf Girokonten von Frauen manchmal bis zu DM 30 000 zur Freude der Bank geparkt sind und vor sich hin dösen?

Es ist wohl unbestritten, daß die durchschnittliche europäische Frau vom Umgang mit Geld nicht viel weiß. Mangelndes Wissen macht unsicher, und Unsicherheit führt zum Ausweg ins Desinteresse.

In Japan sind Frauen in Geldangelegenheiten viel emanzipierter als bei uns. Seit Generationen verwalten Asiatinnen das Vermögen der Familie, sie spekulieren mit Aktien, und die Börse ist für viele japanische Hausfrauen der Treffpunkt und Kontakt zur Außenwelt wie in England die Bingo-Hallen. Bei der Vorstellung, daß im Kaufhaus gleich um die Ecke ein paar Chemie- oder

Auto-Aktien geordert werden können, schüttelt man den Kopf. Der Japanerin hingegen ist das nicht fremd. Auch bei uns wird sich da in Zukunft einiges ändern. Die Geschichte der Erziehung der europäischen Frau erklärt die Wurzeln dieser Entwicklung: Wenn man verfolgt, daß Frauen in den letzten beiden Jahrhunderten mit zunehmender Industrialisierung mehr und mehr aus dem Wirtschaftsleben verdrängt und zu billigen Arbeitskräften degradiert wurden, hat man den ersten Ansatzpunkt zur Erklärung des Phänomens gefunden. Während Frauen im Mittelalter in die Gesellschaft integriert waren, selbständige Gewerbe betrieben und in Zünften organisiert eine wichtige Rolle in der Wirtschaft ihrer Städte spielten, haben sie später durch veränderte Produktionsweisen diese Position im Wirtschaftsleben verloren. Im Krieg hatten Frauen zwar tapfer ihren Mann zu stehen und nach dem Krieg wäre ohne diese Frauen kein Wiederaufbau der Gesellschaft in dieser Form möglich gewesen, aber das Wirtschaftswunder erlebten die meisten von ihnen dann am häuslichen Herd; viele empfanden das nach den Jahren der Überanstrengung und Entbehrung auch als Geschenk. Nun sollten die Männer mal wieder ihr Amt und ihre Rolle als Verantwortungsträger übernehmen. Als Reaktion auf die harten Jahre des Krieges und der Nachkriegszeit ist dieser Rückzug ins Private völlig verständlich, im Hinblick auf die Entwicklung weiblicher Fähigkeiten und Selbstentfaltung jedoch ein Stillstand. So erklärt sich auch die Unselbständigkeit vieler Frauen in Geldangelegenheiten und daraus resultierend auch die ausgespielte Souveränität der Männer auf diesem speziellen Gebiet. Die Überzeugung machte sich breit, daß die Welt der Finanzen allein ein Territorium der Männer sei. Jüngere Frauen um die Dreißig denken schon wesentlich selbständiger an ihre Finanzen als jene über fünfzig Jahren. In Deutschland ist die Armut im Alter hauptsächlich Frauenarmut. Die betroffenen Frauen waren nur kurze Zeit berufstätig, haben sich zu wenig um finanzielle Dinge gekümmert und deshalb auch zu wenig für ihr Alter vorsorgen können.

Aber heute kann man bereits den Trend heraufziehen sehen, daß die Frauen in der Finanzwelt im Kommen sind. Damit sind nicht so sehr die Vorstandsetagen großer Unternehmen gemeint, sondern eine neue, kritische Klientel auf dem Gebiet der Geldanlage.

Die europäische Frau beginnt langsam aus ihrem Desinteresse am Geldmarkt wie aus einem Dornröschenschlaf zu erwachen. Aber nicht der Prinz ist es, der sie wachküßt, sondern ihre zukunftsorientierten Geschlechtsgenossinnen haben die Marktlücke entdeckt und beschäftigen sich zunehmend damit, Frauen »schlau zu machen«. Eine erfolgreiche deutsche Anlageberaterin, die dem Arbeitskreis Versicherungs- und Finanzexpertinnen für Frauen angehört, bringt diesen Trend auf folgendes Motto: »Frauen können rechnen! Mit uns.« Dieser Slogan soll Interesse für einen Arbeitskreis wecken, der ein Dienstleistungsnetz von Frauen für Frauen hat und bundesweit tätig ist.

Frauenspezifische Finanzberatung ist deshalb so erfolgreich, weil hier »von Frau zu Frau« beraten und gemeinsam ein Konzept für die finanzielle Lebensplanung erarbeitet wird. Denn Frauen reagieren anders als Männer. Sie suchen die unabhängige Beratung, die auf ihre individuelle Situation zugeschnitten ist. Frauen verraten bei solchen Gesprächen mehr von sich selbst, ihre Lebensumstände spielen eine entscheidende Rolle, und mit Geld gehen sie anders um als die Männer. Sie scheuen eher das Risiko, sind zurückhaltender bei der Aufnahme von Darlehen und suchen zuerst den Faktor Sicherheit beim Umgang mit Geld.

Wie gehen Finanzberaterinnen vor?

In einem ersten Gespräch stellt die Expertin viele Fragen an die Kundin. Aus den Antworten macht sich die Beraterin ein Bild von der ganz speziellen Situation der Ratsuchenden. Die Lebensbilanz ist hierbei genauso wichtig wie die finanzielle Lage.

Gegen ein pauschales Honorar wird ein ausführliches Gespräch geführt, das die Kundin über die auf ihre persönliche Lebenssituation zugeschnittenen Möglichkeiten informiert. Dabei spielt es keine Rolle, ob der Beraterin eine reich gewordene Erbin gegenübersitzt oder eine mit den alltäglichen Kosten kämpfende Frau, die um ihre finanzielle Zukunft bangt. Manche Frauen wollen sich lediglich informieren. Sie kommen nicht wieder und gelten mit einem Honorar, das für den Gegenwert der gründlichen Information nicht zu hoch erscheint, ihren Besuch ab. Niemand wird zu irgendwelchen Entscheidungen gedrängt. Wer dann nach Klärung der eigenen Lage zu einem zweiten Gespräch zurückkommt, kann damit rechnen, einigermaßen maßgeschneiderte Vorschläge zu bekommen. Dann wird erarbeitet, mit welchem Vorgehen man am weitesten kommt, wo Versicherungen ratsam wären und unter welchen Gesichtspunkten diese oder jene Geldanlage zu erwägen ist. Ferner wird beleuchtet, mit welchen Einnahmen die Kundin rechnen kann, mit welchen Ausgaben sie rechnen muß, und wie beides am günstigsten in den Griff zu kriegen ist. Das Ziel der Finanzberaterin ist dabei, die Kundin so gut zu informieren, daß sie bei Verhandlungen mit Banken und Versicherungen anders auftreten kann und mehr Verständnis für finanzielle Angelegenheiten mitbringt.

Ältere Frauen, die Generation derer, die jetzt erben, haben meist hohen Bedarf an Grundinformationen über Geldanlagen. Jüngere Frauen befassen sich schon eher damit.

Bei den zu erarbeitenden Strategieplänen sind für Witwen spezielle Punkte besonders wichtig: Sie betreffen nach eingehender Analyse des Bestandes vor allem Mietfragen, für die Zukunft der Witwe notwendig erscheinende Lebensversicherungen, die Rentenversicherung und Kapitalanlagen, selbst wenn es sich um kleinere Summen handelt. Muß die Witwe noch andere Hinterbliebene bei ihrer Planung berücksichtigen? Hat sie Kinder, die in der Ausbildung sind, und wie sieht es mit ihrer eigenen Arbeitsmöglichkeit aus? Wie kann sie das beim Tod des Ehemanns ausgezahlte Geld nicht nur bewahren, sondern auch vermehren? Dabei müssen die Finanzberaterinnen bei kleineren Beträgen phantasievoller vorgehen als bei großen Summen. Daß es eine solche Adresse gibt, wo eine plötzlich alleinstehende Frau sich Rat und Hilfe bei allen finanziellen Dingen holen kann, ist in dieser Situation wirklich eine große Beruhigung.

Altbewährte frühere Verbindungen sind allerdings mindestens genauso wichtig wie neu einzuschlagende Wege zu Informationsquellen. Man sollte nichts übertreiben und nicht alles selbständig in die Hand zu nehmen versuchen, solange man gute Berater hat, die schon dem verstorbenen Partner zur Seite standen. Falls dieser einen persönlichen Kontakt zu seinem Bankinstitut hatte, dem dortigen Gesprächspartner vertraute und sich von ihm individuell beraten fühlte, dann ist der hinterbliebenen Frau am besten gedient, wenn auch sie sich mit ihren finanziellen Fragen und Problemen dieser Adresse anvertraut. Dort kennt man die Verhältnisse, weiß wie der Verstorbene in finanzieller Hinsicht gehandelt hätte und wird aufgrund dieser Kenntnisse maßgeschneiderte Vorschläge machen können. Mit einem ehemaligen zuverlässigen Berater des Verstorbenen weiterzuarbeiten, ist immer empfehlenswert. Dabei sollte man aber mit offenen Karten spielen und sich zu dem bekennen, was Tatsache ist, unter Umständen auch zur eigenen Ahnungslosigkeit und Hilflosigkeit. Zum richtigen Zeitpunkt auf alten Beziehungen eine neue vertrauensvolle Zusammenarbeit aufzubauen, hat etwas Beruhigendes und nimmt die Angst vor zukünftigen Entscheidungen. Wenn man Sie kennt, wird auch niemand verächtlich auf Sie herabblicken, wenn Sie mit »naiven« Fragen kommen. Aber lassen Sie sich nie durch irgendwelche Vertreter abspeisen, sondern bestehen Sie darauf, daß Ihre Kontaktperson für Sie Zeit hat.

Nein-Sagen lernen

Es ist erstaunlich, wie oft von alleinstehenden Frauen bestätigt wird, daß das Schwierigste von allem, was man neu zu lernen hatte, das Nein-Sagen gewesen sei. Dazu gehört oft Mut, und an Mut gebricht es manchmal sehr, wenn man allein lebt und daran nicht gewöhnt ist. Man findet immer wieder Gründe, um einem klaren Nein aus dem Weg zu gehen. Bei gründlicher Selbstbetrachtung merkt man, wie selten man das Wörtchen gebraucht. Wie oft tun wir etwas gegen unseren Willen oder sogar gegen unsere Überzeugung! Wie oft haben wir uns mit einer Ausrede hinter unserem Partner verstecken können, so als ob er das Nein oder auch das Ja entschieden habe, wenn wir uns nicht ganz klar zu unserer eigenen Entscheidung bekennen wollten. Ein klares Nein gegenüber den Kindern ist oft nötig, und wenn kein Vater mehr hinter der Entscheidung der Mutter steht, gehört mehr Kraft dazu, sich durchzusetzen. Nachgeben ist leichter und bequemer. Ein Nein gegenüber Angeboten, die sich nicht leicht abwimmeln lassen, ein Nein bei Anschaffungen, die sich nicht lohnen, und bei Ausgaben, die das gebotene Maß überschreiten.

Aber wie ist es mit dem Nein, das sich auf eine neue Partnerschaft bezieht? Es ist beinahe amüsant, wie viele Witwen dasselbe erzählen, wenn sie aus ihrem reichen Erfahrungsschatz plaudern: Ist der Todesfall gebührende Zeit vorüber, melden sich plötzlich alte Verehrer. Bei guten Freunden von früher freut man sich. Sind es aber solche, mit denen man schon in vergangenen Zeiten nicht viel anfangen konnte, dann wird es manchmal schwierig.

Und wie steht es mit dem Gedanken an eine neue Partnerschaft?

In der ersten Zeit der Trauer ist der Gedanke völlig abwegig. Man reagiert sogar schnell verletzt auf die gutgemeinte Aufmunterung, daß man doch bestimmt nicht für immer allein bleiben werde. Hin und wieder flüchtige Abenteuer als Reaktion auf den Partnerverlust vielleicht, aber der Gedanke an eine neue Bindung wird meist abgelehnt. »Ich möchte nie wieder jemanden so lieben, daß ich Angst um ihn haben muß«, sagte eine 45jährige Witwe, die gewußt hatte, daß ihr Mann nicht so gesund war, wie er sich den Anschein gab. Niemand, der in einer glücklichen Partnerschaft gelebt hat, kann sich vorstellen, daß diese Harmonie noch einmal zu finden wäre. Der Glaube daran wächst erst, »wenn der Blitz einschlägt«, wenn man erfährt, daß man auch im reifen Alter noch eine Liebe erleben kann, die der in jungen Jahren in nichts nachsteht. Spricht man mit alten noch mitten im Leben stehenden Damen, dann weiß man, daß die Liebe vor dem Alter nicht Halt macht und auch nicht das Verliebtsein. Man beginnt dann zu verstehen, wie wenig äußere Schönheit ausschlaggebend ist, wenn ältere Menschen sich zueinander hingezogen fühlen. Schauen Sie sich um in Ihrem Bekanntenkreis. Da sind Frauen, die weiß Gott keine Pfirsichhaut mehr haben, die den Kampf um die schlanke Taille meist aufgegeben haben und in ihren Kleidern wie ein Kügelchen durch die Gegend rollen, aber ihr Geist, ihre Begeisterungsfähigkeit und Wachheit strahlen etwas aus, das sie interessant und anziehend macht.

Aus den Statistiken läßt sich ein Überhang von verwitweten Frauen herauslesen. Daraus sollte man jedoch nicht schließen, daß sie alle allein durchs Leben gehen. Viele Witwen heiraten nicht ein zweites Mal, weil sie dann vom Gesetz her finanziell viel ungünstiger gestellt wären. Aber wo sagt die Statistik, daß sie allein sind?

Die meisten Witwen gehen nicht mit allzugroßen unerfüllbaren Erwartungen in eine neue Bindung. Aufgrund ihrer partnerlosen Zeit schätzen sie die Gegenwart eines Begleiters in der Zeit des Älterwerdens und wissen, wie schön es ist, teilen und sich mitteilen zu können. Anfangsschwierigkeiten werden nicht überbewertet, sondern eher bagatellisiert. Außerdem haben sie es gelernt, allein sein zu können, und vermeiden bewußt die Gefahr des Klammerns. Die tödliche Umarmung ist eine Form von Zweisamkeit, die den Keim zum Bruch in sich trägt. Wo gehst Du hin? Wann kommst Du wieder? Warum hast Du nicht angerufen? Mit wem hast Du gesprochen? Das sind die Fragen, die eine Witwe, wenn sie aus ihrem Alleinsein etwas gelernt hat, nicht so schnell stellen wird, denn Lieben wird sie nicht so leicht mit Besitzen verwechseln.

»Halte das Glück wie einen Vogel locker und leicht in der Hand, so daß er jederzeit fliegen kann, dann kommt er gern wieder zu Dir zurück«, sagt ein russisches Gedicht.

Eine neue bindende Freundschaft oder gar Liebe wird nur von denen nicht verstanden, die nie in diese Situation gekommen sind. Daß das Leben manchen Menschen einiges an Erfahrungen erspart hat, sollte sie aber nicht dazu verleiten, kategorische Erklärungen darüber abzugeben, wie man in dieser Lage zu handeln hat. Denn wer's nicht fühlt, der wird es nie erraten!

Eine Frau, die sich einem Witwer verbindet, oder ein Mann, der eine Witwe heiratet, weiß, daß die bzw. der Tote damit nicht ausgelöscht wird.

Frauen, die ständig Vergleiche mit ihrem Seligen anstellen und sich selbst und dem neuen Partner damit das Leben schwer machen, sind meist nicht nur unehrlich, sondern auch unklug. Die Behauptung, daß der andere dieses oder jenes besser machte, wird dann in einen Vorwurf eingepackt und wirkt auf den neuen Partner nicht gerade beflügelnd.

Wer mit einem neuen Partner in Harmonie leben will, sollte niemals mit dem Vergleich eine Bewertung verbinden. Die Welt, in der man mit dem Verstorbenen lebte, war eine ganz andere als jene, die mit dem neuen Partner entsteht. Auch Eifersucht hat da keinen Platz. Eifersucht auf die Vergangenheit ist höchst unproduktiv und kann viel zerstören. Dabei könnte man doch alles, was der neue Partner in seinem vergangenen Leben an Liebe und Leid erfahren hat, aus einem ganz positiven Blickwinkel sehen: Das, was war, hat diesen Menschen, der einem jetzt so lieb geworden ist, zu dem gemacht, was er ist. Schließlich waren es doch die Begegnungen, die unsere Freunde hatten, bevor wir mit ihnen zusammentrafen, die sie zu dem Menschen geprägt und modelliert haben, den wir heute lieben! Man kann durchaus den Toten in der Erinnerung in ein neues Glücklichsein mit hinübertragen, ohne daß es dem einen oder dem anderen etwas nimmt. »Jetzt zieht er mit einer Witwe zusammen, und überall steht dann das Bild vom Verflossenen herum...«, so ein Ausspruch kann nur von jemandem kommen, der zu viele schlechte Romane gelesen hat!

Die Macht der Medien:
Jugendkult, Sex und sonstige normierte Ideale

Die Medien manipulieren uns weitaus stärker, als wir wahrhaben wollen. Schauen Sie sich einmal die Reklame an! Selbst Produkte für die reifere Frau werden von bildschönen jungen Mädchen präsentiert, mit denen man sich auch als ältere Frau immer noch gern identifizieren möchte. In der Mode wetteifern viele Mütter geradezu mit ihren Töchtern; und die Angst, daß der Verlust der Jugend auch einen Verlust der Lebensqualität mit sich bringt, hängt wie ein Damoklesschwert über vielen Frauen. Heldinnen haben jung zu sein! Solange ältere Frauen diesem Vorbild der nie endenden Jugendlichkeit huldigen und sich davon abhängig machen, solange sie sich nur nach dem Jugendlichkeitsideal ausrichten wollen, wird sich am öffentlichen Bild der reiferen Frau wenig ändern.

Die Illustrierten wollen die Frauen glauben machen, daß Sex bis ins hohe Alter lebensnotwendig und das einzige Mittel sei, »einen Mann zu halten«. Es wird uns versichert, ohne aktives Sexualleben werde die Gesundheit gefährdet, der Alterungsprozeß beschleunigt und eine Frau ohne einen oder mehrere Sexualpartner trockne dahin wie die Pflaume in der Wüste! Dieses Leitbild trägt dazu bei, daß viele Frauen sich im Abseits wähnen, wenn sie ohne Sex leben. Dabei wird die Frage der eigenen Bereitschaft zu Sex-ohne-Liebe in den Hintergrund geschoben.

Anstatt nun endlich die Unabhängigkeit und die Freiheit der reifen Jahre zu genießen, fühlt man sich oft belastet und verunsichert wie als ganz junges Mädchen, wenn die Freundinnen längst Freunde hatten und tolle Geschichten erzählten, während man selbst unbegehrt durchs Leben ging. Man wähnt sich unglücklich, weil man der Norm nicht entspricht. Aber was ist die Norm?

»Sex is good for you!« Wer würde das bezweifeln? Wenn Sex aber verabsolutiert wird, erheben sich doch berechtigte Zweifel.

Die Behauptung, daß die sexuelle Beziehung der Zement der Paarbeziehung sei, ist noch nicht so alt; aber als diese Ansicht in den USA überwiegend vertreten wird, erreicht der Scheidungsquotient dort eine Höhe von 50%! Zwanghaft unterdrückter Sex wirkt destruktiv und kann gefährliche Folgen haben. Um das zu erkennen, braucht man weder Arzt noch Psychologe zu sein. Aber wie steht es mit zwanghaft ausgeübtem Sex? Man mag dazu stehen, wie man will, aber ein Zweifel an der Allgewalt der sexuellen Betätigung ist angebracht. Keine Frau sollte sich in einen Vollzugszwang treiben lassen, weil sie fürchtet, sonst unverzüglich eine alte graue Maus zu werden. Wir sind heute aufgeklärt genug, um zu wissen, daß sexuelles Begehren nach den Wechseljahren nicht erlischt, daß man selbst im Alter noch eine ungeschmälerte Liebe erleben kann. Doch die Freiheit zu wählen, zu warten und unabhängig zu entscheiden, was man möchte, ist ein köstliches Geschenk des Älterwerdens.

Auf keinem Gebiet wird so viel geschwindelt wie beim Thema Sex. Daß schon der Jüngling gern angibt und sich als Don Juan feiern läßt, ist bekannt. Bei Frauen aber hat sich in den letzten 50 Jahren viel gewandelt. Auch für sie gibt es kein Tabu mehr beim Gespräch über Sexualität. Wenn bei einer Fernsehdiskussion eine nicht mehr junge, sehr attraktive Frau betont, daß sie sexuelle Beziehungen zu verschiedenen Partnern brauche wie das tägliche Müsli, dann ist die Zuschauerin verunsichert und geht in ihr einsames Bett mit dem Gefühl: »Ich bin eine Niete.« Zumal, wenn die Vertreterin von körperlicher Treue und Zärtlichkeit wie eine graue Maus erscheint.

Die Mode arbeitet immer mehr mit Signalen aus dem sexuellen Gebaren, und die Reklame setzt Akzente, die unmißverständliche Assoziationen wecken. Alles schön und gut und bestimmt manchmal auch ein Augenschmaus, aber keine Frau sollte sich dadurch den Boden unter den Füßen wegziehen lassen. Zärtliches und warmherziges Umgehen miteinander kann mehr Wunden heilen als Sex im Blindflug.

Doris Lessing, die vielgelesene englische Schriftstellerin hat vor Jahren in einem Interview gesagt, daß das Älterwerden für sie unglaublich interessant sei, weil sie dadurch erst gemerkt habe, daß sie in jüngeren Jahren alle Aufmerksamkeit allein durch ihr Aussehen auf sich ziehen wollte. Das habe mit Persönlichkeit und Originalität überhaupt nichts zu tun. Erst als sie älter geworden sei, habe sie entdeckt, was ihr eigentliches Selbst und was nur äußere Erscheinung sei. Eine Frau, die sich immer an der Jugend orientiert, wird den Übergang in ein reiferes Alter schwer haben. »Dein Glück liegt nicht in dem, was Du hast, sondern in dem, wie Du es wahrnimmst«, sagt ein englisches Sprichwort. Marie Luise Kaschnitz schreibt, daß das Alter für sie kein Kerker sei, sondern ein Balkon, von dem man zugleich weiter und genauer sehe.

Der Reifeprozeß in den Lebensjahren um die Fünfzig ist keine häßliche Krankheit, die man hinter sich zu bringen hat, sondern in dieser Zeit stellt man die Weichen für die zweite Lebenshälfte. Und diese kann mindestens so ergiebig und erfreulich sein wie die erste. Entscheidend ist die innere Einstellung und die Bereitschaft, sein Alter anzunehmen und sich selbstbewußt dazu zu bekennen. Das gilt für alle Frauen – und für Witwen und Alleinstehende ganz besonders.

Die Kinder und der neue Partner:
Wie läßt sich das vereinen?

Bei der Hinwendung zu einem neuen Partner können die Kinder zum Problem werden, das man nicht leichthin wegschieben kann. Die Kinder mögen meist nicht, daß die Mutter sich wieder verliebt. Das ist in ihren Augen lächerlich und störend. Sie stellen sich, wie sie meinen, schützend vor den verstorbenen Vater und möchten vor allem nicht, daß ein Fremder in die Familie einbricht, die gerade dabei ist, eine Lücke zu schließen. Der neue Mann am Horizont wird oft mit den erfindungsreichsten Mitteln bekämpft. »Abgeschossen!« nennen sie das dann und sind gewaltig stolz auf ihre vermeintliche Beschützerrolle. Es ist meist gar nicht so sehr die Eifersucht oder die Angst, am Bild des verstorbenen Vaters werde nun gerüttelt, sondern vielmehr ein ganz gesunder Egoismus und die Überzeugung: »Mutter gehört uns«. Diesen egoistischen Besitzanspruch ihrer Kinder wollen sich viele verwitwete Mütter nicht gern eingestehen; sie verbrämen solche Reaktionen der Kinder mit toleranten Erklärungen, die kein Mann auf die Dauer akzeptieren kann. Es ist schon wahr, man sitzt als Frau in der Anfangszeit einer intensiven neuen Beziehung wirklich zwischen zwei Stühlen. Die Einstellung der Kinder ist nur zu gut zu verstehen, gleichzeitig wird die Gegenwart des anderen Mannes ersehnt und genossen. Wie ist beides zu vereinen? Wer kennt sie nicht, die rührende Geschichte aus der Vergangenheit, wo die verwitwete Mutter ihr Leben den Kindern opferte und auf ein zweites Glück verzichtete, weil sie das den Kindern nicht antun wollte. Das war eigentlich die Regel und wurde auch gebührend bewundert. Aber wer hat nicht auch schon oft von Töchtern verwitweter Mütter vernommen, wie sehr sie ihre diesbezüglichen Boshaftigkeiten und ihren Erfolg als männervertreibende kleine Ungeheuer später bereuten.

»Heute ist meine Mutter sehr allein, wir sind alle woanders und können sie nicht oft besuchen. Ach hätte sie doch einen Partner, mit dem sie die Freude am Leben noch teilen könnte. Daran haben wir als Kinder nicht gedacht. Nur an uns selbst.«
Solche reuevollen Klagen kommen zu spät.

Jetzt, wo die Kinder erwachsen sind, zeigt es sich, ob die Mutter während der Zeit des Alleinseins mit ihren Kindern zu selbstlos war und ihnen dadurch das Gefühl gab, sie sei deren Alleinbesitz. Das Problem und die Gefahr solch eines Verhaltens wurde bereits angesprochen.

Wenn sich eine neue Beziehung anbahnt, ist es am besten, vor den Kindern nicht Versteck zu spielen, sondern mit allem Einfühlungsvermögen um ihr Verständnis zu werben. Zum Verständnis braucht man Verstand. Verständige, schon etwas ältere Kinder werden mit viel Taktgefühl sicher zu überzeugen sein, daß ihre Mutter auch ein Recht auf ein eigenes Leben hat, daß sie ja sicher eines Tages aus dem Haus gehen und dann selbst nicht viel danach fragen werden, wer für die Mutter da ist.

Sehr viel Mithilfe kann dabei von dem betreffenden neuen Partner kommen, der von den Kindern natürlich zuerst als eine Bedrohung empfunden wird und diese Tatsache auch annehmen und verstehen muß. Er sollte auf keinen Fall versuchen, sich anzubiedern und auf falsche Weise um die Gunst der Kinder werben. So etwas wird frühzeitig durchschaut und schwächt seine Position in der Familie. Er sollte auch nicht den tollen Kumpel herauskehren, mit dem man alles anstellen kann. Diese Rolle kann er später übernehmen, falls sie ihm wirklich liegt. Zu Beginn muß der neue Partner mit Vorsicht und Zurückhaltung den Zugang zu der kleinen amputierten Familie suchen und die Vorbehalte der Kinder allmählich abzubauen versuchen.

»Ich werde bei Euch nie den Vater spielen wollen, und die Tatsache, daß ich Eure Mutter sehr gern habe, ist noch lange keine Gewähr, daß Ihr und ich uns mögen. Das müssen wir abwarten. Vielleicht können wir eines Tages Freunde werden...«, so etwa formulierte es der spätere Ehemann einer Witwe mit zwei Kindern. Daß sich daraus eine gute Freundschaft entwickelte und die Kinder später vor Dritten wie selbstverständlich vom Vater sprachen und dabei den Mann der Mutter meinten, das war eine glückliche Begleiterscheinung und für alle eine gute Fügung. Es muß nicht immer so sein, aber man kann von allen drei Seiten viel dazu tun.

Bei noch kleinen Kindern spielt sich das Verhältnis zum neuen Mann im Haus von selbst ein. Da ist er neben der Mutter als Er-

wachsener ohnehin eine Autoritätsperson, während sich der
»zweite Vater« bei größeren Kindern auf ein dünnes Eis begibt,
wenn er Machtworte sprechen will oder muß. Die Politik der
Nichteinmischung ist bestimmt die beste, solange die Mutter die
Erziehung ganz übernimmt. Später sind Erziehungsfragen weniger spannungsgeladen als zu Beginn der neuen Partnerschaft. In
vielen Fällen verhalten sich die Kinder auch sehr kooperativ. Oft
findet dann auch wieder eine Art Familienleben statt. Ein Sech-
zehnjähriger erklärte überzeugend, daß er und seine Geschwister
nun am Wochenende kein schlechtes Gewissen mehr hätten,
wenn sie zum Sport oder zu Freunden entschwänden und auch
zum Essen nicht nach Hause drängten.

»Vater sucht eine Frau« ist ein gern behandelter Stoff, der immer
wieder zum Gegenstand von Theaterstücken oder Filmkomödien
wird; aber wenn Mutter einen Mann findet, sieht's doch ganz
anders aus.

Freunde der Mutter können da übrigens sehr viel Gutes tun,
indem sie kundtun, wie positiv sie die neue Entwicklung sehen,
aber sie können ebensolchen Schaden anrichten. Man hält es
kaum für möglich, wie oft die Kinder etwas heuchlerisch gefragt
werden, wie sie die neue Familiensituation bzw. den neuen Partner der Mutter denn fänden. Kinder haben ein sehr gutes Ohr für
den Unterton derartiger Erkundigungen und wissen ihn erstaunlich schnell zu bewerten.

»Ist das nicht noch ein bißchen früh?...« können Sie von der
liebevollsten Tante hören, wenn die Mutter mit einem neuen Begleiter auftaucht; jeder Mann an ihrer Seite – ob im Konzert oder
beim Fußballspiel des Sohnes – wird erwartungsvoll beargwöhnt.
Dagegen muß und kann man sich wappnen. Ihre Mitwelt wird
sich mit der Zeit daran gewöhnen, und wenn dort alles gut
durchgesprochen und kommentiert worden ist, werden sich die
ersten Neugierigen mit vorsichtigen Einladungen für Sie beide
melden. Die echten Freunde werden Ihnen auf ihre Art zu verstehen geben, wie gern sie den neuen Partner an Ihrer Seite im
alten Kreis aufnehmen. Die Ehefrauen in Ihrer Umgebung werden befreit aufatmen, denn als Konkurrenz scheiden Sie ja nun
vorübergehend aus. Nach einigem erfolglosen Bohren, wie denn

die Hintergründe und die weiteren Pläne seien, wird man Sie beide Ihrem Schicksal überlassen.

In unserer Gesellschaft ist eine Witwe nach einiger Zeit auch in den Augen der anderen eine selbständige Frau, die ihr Leben nach eigenem Sinn und Ermessen gestalten kann.

Schlußworte

Wir haben alle Stadien gemeinsam durchschritten, vom Eintritt des Todes, der mit einem Schlag ein Leben auslöscht und ein anderes Lebenslicht so zum Flackern bringt, daß nichts mehr stabil erscheint.

Wir haben die Zeit der Trauer beschrieben in all ihren Schattierungen und die vielen äußeren und inneren Probleme, die ein Partnerverlust mit sich bringt.

Wir haben den Entwicklungsprozeß einer alleinstehenden Frau verfolgt und gesehen, daß die Rückkehr zum Ich Zeit erfordert. Aber es ist nicht das alte Ich, in das man zurückfindet; man wird durch die Zeit der Trauer und des Alleinseins reifer und findet eine neue Persönlichkeit. Der Tod eines geliebten Menschens lehrt uns, wie fragil das Leben ist. Dadurch erscheint unser eigenes Weiterleben im neuen Licht. Das Leben bringt neue Ideen und Ziele, und die Vergangenheit ist wie ein zugeklapptes Lieblingsbuch, das man hin und wieder für sich selbst leise öffnet. Man weiß, daß man durch das, was man erlebt hat, geformt wurde zu dem, was man heute ist. Man trägt die Vergangenheit in sich und geht in Gedanken oft in ihr spazieren. Sie hat tiefe Spuren hinterlassen und Wunden gegraben, aber sie ist vorbei. Das Zurückblicken bekommt eine neue Dimension, und die Zukunft wird klarer, je mehr wir uns freiwillig vom Geschehenen entfernen. Neue Ziele fordern uns, ein neuer Start ist möglich. Im Vorspiel auf dem Theater läßt Goethe die lustige Person sagen:

»Greift nur hinein in's volle Menschenleben,
ein jeder lebt's, nicht vielen ist's bekannt.
Und wo ihr's packt, da ist's interessant.«
Und dann?

Anhang

Adressen, die weiterhelfen

Adressen für Selbsthilfegruppen, Lebenshilfe und Trauerbegleitung

Deutsche Arbeitsgemeinschaft Selbsthilfegruppen e.V., c/o Friedrichstr. 28, 35392 Gießen

NAKOS. Nationale Kontakt- und Informationsstelle zur Anregung und Unterstützung von Selbsthilfegruppen, Albrecht-Achilles-Str. 65, 10709 Berlin

Diakonisches Werk – Hauptgeschäftsstelle, Stafflenbergstr. 76, 70184 Stuttgart

Arbeiterwohlfahrt Bundesverband e.V., Oppelner Str. 130, 53119 Bonn

Deutscher Caritas Verband e.V., Karlstr. 40, 79104 Freiburg i. Br.

Deutscher Paritätischer Wohlfahrtsverband, Heinrich-Hoffmann-Str. 3, 60528 Frankfurt/Main

Bundesverband Graue Panther, Rathenaustr. 2, 42277 Wuppertal

Omega – Mit dem Sterben leben e.V., Postfach 1407, 34346 Hann. Münden

Tabu e.V. (Trauerbegleitung), Camillo-Sitte-Platz, 45136 Essen

Gesellschaft für Sterbebegleitung und Lebenshilfe, Diezer Str. 17–19, 65549 Limburg/Lahn

Menschen und Tod, Corlißstr. 7, 45145 Essen

Seminare oder Gespräche zur Trauerbewältigung werden auch von manchen Kirchengemeinden angeboten

Arbeitskreis der Versicherungs- und Finanzexpertinnen für Frauen c/o Marion Weichert, Esplanat 6, 20354 Hamburg

Verband alleinstehender Mütter und Väter – VAMV

Bundesverband VAMV:
von-Grote-Platz 20, 53173 Bonn, Tel. 02 28/35 29 95

Anschriften der Landesverbände

Baden-Württemberg
Hausmannstr. 6, 70188 Stuttgart, Tel. 07 11/2 15 51 71

Bayern
Düsseldorfer Str. 22, 80804 München, Tel. 0 89/3 06 11-121

Berlin
Sieglindestr. 6, 12159 Berlin, Tel. 0 30/8 51 51 20

Brandenburg
Fouquéstr. 7, 14776 Brandenburg, Tel. 0 33 81/30 33 09

Bremen
Bürgermeister-Deichmann-Str. 28, 28217 Bremen, Tel. 04 21/38 38 34

Hamburg
Flotowstr. 23, 22083 Hamburg, Tel. 0 40/22 46 00

Hessen
Martin-Luther-Str.. 20, 60316 Frankfurt/M., Tel. 0 69/43 77 77

Mecklenburg-Vorpommern
Voßstr. 15a, 19053 Schwerin,
Tel. 03 85/73 41 16

Niedersachsen
Bocksmauer 19, 49074 Osnabrück,
Tel. 05 41/2 55 84

Nordrhein-Westfalen
Juliusstr. 13, 45128 Essen,
Tel. 02 01/22 99 00

Rheinland-Pfalz
Kaiserstr. 74, 55116 Mainz,
Tel. 0 61 31/23 20 61

Saarland
Ursulinenstr. 38, 66111 Saarbrücken,
Tel. 06 81/3 34 46

Sachsen
Strehlener Platz 7, 01219 Dresden,
Tel. 03 51/4 71 02 01

Sachsen-Anhalt
Schillerstr. 47, 39108 Magdeburg,
Tel. 03 91/5 61 31 03

Schleswig-Holstein
Metzstr. 38, 24116 Kiel,
Tel. 04 31/1 89 69

Thüringen
Friedrich-Engels-Str. 5, 07549 Gera,
Tel. 03 65/3 21 53

Kontaktstelle für Thüringen:
Bärbel Lein, Andreas-Schubert-Str. 33, 08468 Reichenbach

Adressen für Informationen zur beruflichen Wiedereingliederung, Weiterbildung und beruflichen Beratung

Bundesministerium für Arbeit und Sozialordnung, Rochusstr. 1, 53123 Bonn

Bundesministerium für Frauen und Jugend, Kennedyallee 105–107, 53175 Bonn

Bundesinstitut für Berufsbildung, Fehrbelliner Platz 3, 10707 Berlin

Bundesanstalt für Arbeit, Regensburger Str. 104, 90478 Nürnberg

Deutscher Verband Berufstätiger Frauen e.V., Schornstr. 8, 81669 München

Deutscher Gewerkschaftsbund. Bundesvorstand, Abt. Frauen, Hans-Böckler-Str.. 39, 40476 Düsseldorf

Deutsche Angestellten Gewerkschaft, Hauptabteilung Weibliche Angestellte, Karl-Muck-Platz 1, 20355 Hamburg

Verein zur beruflichen Förderung von Frauen, Varrentrappstr. 47, 60486 Frankfurt/M.

Deutscher Frauenring e.V. Kurs: »Neuer Start ab 35«, Bundesgeschäftsstelle. Lessingstr. 9, 61231 Bad Nauheim

Beratungsstellen des Bundesfrauenministeriums für Berufsrückkehrerinnen in den alten Bundesländern:

32545 Bad Oynhausen, Dr.-Louis-Lehmann-Str. 5

10623 Berlin, Knesebeckstr. 33/34 (KOBRA)

10709 Berlin, Albrecht-Achilles-Str. 65 (Raupe und Schmetterling)

38100 Braunschweig, Leopoldstr. 6

28195 Bremen, Am Wall 165–167

60486 Frankfurt/Main, Varrentrappstr. 47

35392 Gießen, Wilhelmstr. 15

22765 Hamburg, Erzbergerstr. 1–3

25813 Husum, Schleswiger Chaussee 35

76829 Landau/Steinweiler,
Friedrich-Ebert-Str. 16

71638 Ludwigsburg, Mathildenstr. 31

49074 Osnabrück, Bierstr. 17–18

94209 Regen, Amtsgerichtsstr. 6–8

93047 Regensburg, Haidplatz 8

66121 Saarbrücken, Mainzer Str. 131

70180 Stuttgart, Schlosserstr. 28

97082 Würzburg, Mainaustr. 33

In den neuen Bundesländern gibt es
seit 1991 Beratungsstellen für Frauen
in: Berlin, Fürstenwalde, Teterow,
Dresden, Dessau und Roßleben.

Brocher, T.: Wenn Kinder trauern,
Rowohlt Taschenbuch 1992

Weiterführende Literatur

Bundesministerium der Justiz:
(Broschüre) Guter Rat ist nicht teuer,
Bundesministerium der Justiz,
Bonn 1992

Bundesministerium für Bildung:
(Broschüre) Seniorenstudium in der
Bundesrepublik Deutschland
v. J. Eierdanz, Bundesminister für
Bildung und Wissenschaft,
Bonn 1990

Bundesregierung: (Broschüre)
Politik für Frauen,
Presse- und Informationsamt der
Bundesregierung, Bonn 1991

BfA, Berlin: (Broschüre) Renten an
Hinterbliebene, Erziehungsrente –
BfA Info Nr. 7, Bundesversicherungs-
anstalt für Angestellte, Berlin 1992

Caine, L.: Und plötzlich stehst du
allein, Knaur Ratgeber 1992

Carnegie, D.: Sorge dich nicht –
lebe!, Scherz 1988

Deutsche Bank: (Broschüre) Die Erbschaft. Rechts- und Steuerfragen,
Deutsche Bank 1990

Deutsche Sparkassen: (Broschüre)
Erbschaft- und Schenkungssteuer,
Deutsche Sparkassen, Stuttgart 1991

Deutsche Sparkassen: (Broschüre)
Vererben und Erben von Haus- und
Grundbesitz, Deutsche Sparkassen,
Stuttgart 1989

Deutscher Beamtenbund: (Broschüre)
Erblasser und Hinterbliebene –
G. Eßer, Verlagsanstalt des deutschen
Beamtenbundes 1992

Deutscher Frauenrat: (Broschüre)
Frauen und Ehrenamt, Bundesverband
deutscher Frauenverbände und
-Gruppen, Bonn 1993

Dittrich, H.: Testament und Nachlaß
vorbereiten, Humboldt-Taschenbuch
1985

Dörpinghaus, E.: Was Frauen über
Geld wissen sollten, Mosaik 1992

Dresdner Bank: (Broschüre) Hinweise
für die Nachlaßregelung, Dresdner
Bank 1990

Dresdner Bank: (Broschüre)
Testament und Erbe – Heinsius Th.,
Titz GmbH 1991

Erhardt, U. u. Johnen W.: Frauen
steigen wieder ein, Mosaik 1991

Fachverlag des deutschen Bestattungsgewerbes: Ratgeber bei Trauerfällen –
H. Schormann, Fachverlag des deutschen Bestattungsgewerbes GmbH,
Düsseldorf 1987

Friedhofsgärtner-Genossenschaft:
(Broschüre) Die Grabstätte, Grabarten-
Gestaltung-Grabmale, Arbeitsgemeinschaft Friedhofsgärtner-Genossenschaft, Bonn

Friedrich, W. J.: Testament und Erbrecht, dtv 1991

Ginsburg, G. D.: Trauer, Schuld und Zorn, Oesch 1990

Giudice, L.: Ohne meinen Mann, Kreuz 1992

Griser, D.: In deinem Sinne, Ullstein 1988

Jaeggi, E.: Ich sag' mir selber Guten Morgen, Piper 1992

Jobst, P.: Ratgeber Privatversicherungen, Humboldt-Taschenbuch 1992

Jüngel, E.: Tod, G. Mohn 1979

Kaschnitz, M. L.: »Orte«, Insel 1973

Kast, V.: Trauern, Kreuz 1992

KAW – Konzertierte Aktion: (Broschüre) Bildungsmöglichkeiten für ältere Erwachsene an Hochschulen der neuen Bundesländer, Konzertierte Aktion Weiterbildung – Projekt Hochschulforschung 1992

Kübler-Ross, E.: Kinder und Tod, Kreuz 1990

Kübler-Ross, E.: Über den Tod und das Leben danach, »Die Silberschnur« 1992

Kuntz, B. u. K. u. N.: Die private Rente, dtv 1992

Lewis, C. S.: Über die Trauer, Benziger 1991

Lohner, M.: Plötzlich allein, Fischer 1992

Möcks, K. u. Schmitt A.: Alles, was man über Renten wissen muß, Falken 1992

Münch von, Dr. E. M.: Zusammenleben ohne Trauschein, dtv 1993

Pohl, E. u. D.: Wiedereinstieg in den Beruf, Heyne 1993

Powell, B.: Alleinsein als Lebenschance, Moderne Verlagsges.m.b.H. 1990

Rottmann, V. S.: Alles was Recht ist, Rasch und Röhring 1991

Schaub/Schusinski/Ströer: Erfolgreiche Altersvorsorge, dtv 1989

Scheidt, von J. u. Zenhäusern, R.: Alleinsein als Chance, Mosaik 1990

Schlegel-Holzmann, U.: Kein Abend mehr zu zweit, Quell 1992

Schmied, G.: Sterben und Trauern in der modernen Gesellschaft, Piper 1988

Schwanfelder, W.: Behördenwegweiser, Humboldt-Taschenbuch 1991

Selbsthilfegruppen: (Broschüre) 1993 – Nachrichten, Deutsche Arbeitsgemeinschaft Selbsthilfegruppen e.V., Gießen 1993

Selzam, von Dr. W.: Das korrekte Testament, Humboldt-Taschenbuch 1988

Verband alleinstehender Mütter und Väter: (Broschüre) So schaffe ich es allein, Bonn 1993

Verbraucherzentrale: (Broschüre) Was tun, wenn jemand stirbt?, Arbeitsgemeinschaft der Verbraucherverbände e.V., Bonn 1991

Wandrey, H.: Erbrecht und Testament, Falken 1991

Wiebe, K. F.: Und dann war ich allein, Brunnen 1991

Winkler, Dr. K.: Erbrecht von A–Z, dtv 1990

Zimmermann, G.: Zeit der Trauer, Agentur des Rauhen Hauses, Hamburg 1976

Register

Weitere Humboldt-Titel aus der Reihe Lebenshilfe & Psychologie